Pro oder Kontra
Internet Medien GmbH

Jahrelang auf der Suche nach der Frage "Warum" verschlang ich unzählige Bücher und lebte unruhig und unzufrieden. Bis ich eine Antwort fand. Dieses Buch soll Wege und Möglichkeiten aufzeigen.

Möge es ist dir hilfreich sein!

Jeder kann bewusst auf einfache und natürliche Art und Weise seine Ziele erreichen!

Marc Gerhardt

Die Macht Deiner Wahrheit!

Verändere die Wahrheiten, nach denen du lebst, um glücklich, erfolgreich und geliebt jeden Tag zu genießen.

Pro oder Kontra
Internet Medien GmbH

Copyright © 2012 Marc Gerhardt
www.Die-Macht-Deiner-Wahrheit.de

Illustration: Iris Spindler, www.myiris.at
Korrektur: Christina Touzlidis , www.storys4you.com

Verlag: Pro oder Kontra Internet Medien GmbH, Höhr-Grenzhausen
ISBN: 978-3-0003-9687-8
Printed in Germany

Das Werk, einschließlich seiner Teile, ist urheberrechtlich geschützt. Jede Verwertung ist ohne Zustimmung des Verlages und des Autors unzulässig. Dies gilt insbesondere für die elektronische oder sonstige Vervielfältigung, Übersetzung, Verbreitung und öffentliche Zugänglichmachung.

Bibliografische Information der Deutschen Nationalbibliothek:
Die Deutsche Nationalbibliothek verzeichnet diese Publikation in der Deutschen Nationalbibliografie; detaillierte bibliografische Daten sind im Internet über http://dnb.d-nb.de abrufbar.

Inhaltsverzeichnis

Einleitung 6
Teil 1 12
Wahrheit 13
Verantwortung 25
Die Prägung 42
Der innere Dialog 50
Gedanken sind Energie 58
Worte, der sprachliche Ausdruck 64

Teil 2 69
Einleitung zum Übungsteil 70
Ziele finden 71
Mit Zielen arbeiten 76
Affirmationen 79
Visualisierung 81
Das schriftliche Fixieren 83
Wiederholungen 86
Motive sammeln 90
Bezahl den Preis 94
Der Prozess 97

Vielen Dank 105
Und nun ? 106

Einleitung

Ein Professor an einer deutschen Universität startete ein neues Semester, indem er einen 50 Euro Schein hoch hielt. In der Vorlesung saßen rund zweihundert Leute. Er schaute in die Runde und fragte: «*Wer möchte diesen Schein haben?*» Alle Hände gingen nach oben. Natürlich! :-)

Dann zerknitterte der Professor den Schein und fragte: «*Möchte ihn immer noch jemand haben?*» Die Hände gingen wieder alle nach oben.

Der Professor warf den Schein auf den Boden, trampelte darauf herum und rieb seine Schuhsohlen an dem Schein ab. Als er den Schein aufhob, war er völlig zerknittert, schmutzig und sah völlig zerschrammt aus. Der Professor fragte: «*Nun, wer möchte den 50-Euro-Schein jetzt noch haben?*» Auch dieses Mal gingen alle Arme in die Luft.

Schließlich sagte der Professor: «*Was auch immer mit dem Geld geschah, Ihr wolltet es haben, weil es nie an seinem Wert verloren hat. Es sind immer noch 50 Euro. Der Wert ist nach wie vor derselbe. Es passiert in unserem Leben, dass wir abgelehnt werden – wir werden auf den Boden geworfen, Menschen trampeln auf uns herum, wir werden zerknittert und in den Dreck geworfen. Dann fühlen wir uns, als wären wir wertlos. Aber egal was passiert ist oder was passieren wird: Ihr werdet niemals an Wert verlieren. Schmutzig oder sauber, zerknittert oder fein gebügelt, der Wert unseres Lebens wird nicht dadurch festgelegt, was wir tun oder wen wir kennen, sondern dadurch, wer Wir sind. Jeder ist etwas Besonderes, Jeder ist wertvoll!! Vergessen Sie das niemals!*»[1]

---

[1] Die Geschichte findet sich im Internet leider ohne Autorenangabe, doch möchte ich es nicht versäumen, dem Autor meinen tiefsten Dank auszusprechen.

Als ich diese Geschichte des bemerkenswerten Professors zum ersten Mal hörte, war ich mehr als nur tief bewegt und ein ziemlicher Ruck fuhr mir bis tief unter die Haut. Vielleicht geht es dir gerade ähnlich wie mir und du sagst zu dir «*Es fühlt sich so richtig an, was der Professor sagt, warum fühle ich mich dann nicht so? Warum sieht meine Wahrheit so anders aus?*»

Wir greifen oftmals zu dieser Art von Büchern, wenn wir bis zum Hals in der …, ich wollte sagen, die Welt nicht mehr verstehen, es scheinbar nicht mehr weitergeht und wir uns festgefahren haben. Ein Bekannter von mir wusste in solchen Momenten immer zu sagen: «*Wenn du in der Jauchegrube sitzt, kannst du nicht nach Kölnisch Wasser duften.*» Ich verstand erst viel später, dass es sich hierbei um Seine Universal-Ausrede für die eigene falsche Denkweise handelte und er froh darüber war, sich bei einem Gleichgesinnten mit diesem Spruch solidarisch zeigen zu können. Doch ich muss zugeben, mit Ende 20 genauso einen solchen Moment erwischt zu haben.

Ich war verheiratet, hatte 2 Kinder, eine abgeschlossene handwerkliche Ausbildung, mehrere Jahre in unterschiedlichen Anstellungen, sowie 5 Jahre versuchte Selbständigkeit bei einer Gesellschaft für unabhängige Finanzberatung hinter mir. Vor mir lagen ca. 140.000 DM Schulden. Dann kam die berufliche Umorientierung. Es war mein dritter Tag in meiner zweiten Ausbildung zum Bürokaufmann und das mit fast 30 Jahren.

Irgendetwas stimmte nicht und zwar gewaltig!

Ich kann es nicht erklären, doch an diesem Tag klingelten die Alarmglocken in mir und zwar mit voller Lautstärke.

Kennst du das? Du weißt, es ist etwas passiert, aber du weißt nicht, WAS ES IST!

Du kannst dich nicht konzentrieren, bist unruhig, ein Druck lastet auf Dir. Dass etwas nicht stimmt, weißt Du genau und doch scheint alles trügerisch ruhig und normal. Ich wusste es, als ich von der Arbeit nach Hause in eine leere Wohnung kam. Nicht, dass du denkst, die Wohnung war leer, im Sinne von „keine Möbel mehr in den Räumen". Nein, viel schlimmer! Es war niemand mehr da! Ich telefonierte im Bekannten- und Verwandtenkreis herum und fand meine Kinder bei den Schwiegereltern. Ich bohrte weiter nach und erfuhr den Aufenthaltsort meiner Frau. Sie war 400 km entfernt an der Nordsee. Sie brauchte Abstand!

Es fühlt sich komisch an. Man taumelt, ohne Medikamente genommen zu haben oder betrunken zu sein. Alles um mich herum drehte sich und ehe ich mich versah, fiel ich auf die Knie. Ich kann den Moment nicht mehr genau beschreiben, nur dass es sich anfühlte, als ob in mir etwas auseinander gerissen wurde. Ich wusste, dass in den letzten Jahren nicht alles glatt gelaufen war. Die Schulden, die sich durch die misslungene Selbständigkeit angehäuft hatten, sowie der mentale Druck, der dadurch entstanden war, machten es für uns alle nicht leicht.

Doch bevor jetzt ein falscher Eindruck entsteht, lass mich 2 Dinge klarstellen:
1. Zum damaligen Zeitpunkt war ich durch meine erfolglosen Versuche erfolgreich zu werden ein verbitterter und ein eher gefühlskalter Mensch. Kurz gesagt, ich war ein Wrack. Mit so einem Mensch will man nicht wirklich zusammen sein.
2. Wenn jemand Abstand sucht, sollte man dieser Person die Möglichkeit geben, die erforderlichen Antworten auch in Ruhe zu finden.

Nun, damals wusste ich weder um Punkt 1 (ich war eben, wie ich war) und ich missachtete Punkt 2. So bin ich noch am selben Abend an die Nordsee gefahren und habe während 5 Tagen um meine Ehe gekämpft.

> An dieser Stelle gebührt meiner Ex-Frau einmal ein Dank dafür, dass Sie auf Punkt 2 verzichtet (Abstand und Ruhe) und mich im Gegenzug dazu gezwungen hat, in den eigenen Spiegel zu schauen.

Den Kampf um meine Ehe habe ich gewonnen (zumindest vorläufig), musste jedoch versprechen, mich zu ändern. Und glaub mir, mit leeren Vorsätzen wäre ich hier nicht weiter gekommen, das wusste ich. Außerdem war das, was ich in dem Spiegel erblickte, wirklich nicht das Ideal, das ich sein wollte.

Warum dann Punkt 2, wird der aufmerksame Leser sich fragen? Nun, die Ehe hielt zwar noch 4 schöne Jahre und dann war jedoch endgültig Schluss. Vor diesem großen Knall habe ich höchstens das Fernsehprogramm gelesen. Doch ich musste mich verändern, also lebte ich fortan ein anderes Extrem. Ich las jedes Selbsthilfebuch, das mir in die Finger kam und zwar aus den unterschiedlichsten Bereichen. Ich ging in Meditationsgruppen und probierte Yoga und Autogenes Training aus.

In den folgenden 4 Jahren veränderte ich mich. Ich wuchs durch die Bücher, die ich las und wurde durch die Meditationen und Entspannungstechniken ruhiger. Nach 4 Jahren fühlte ich mich stark genug, um erneut den Schritt in die Selbständigkeit zu wagen. Das war jedoch zu viel für meine damalige Frau. Doch nun verfügten wir beide über die nötige Reife, um zu erkennen, dass eine Trennung das Beste für uns beide war.

Dank den unglaublichen Lehren, die ich aus den fantastischen Büchern dieser begabten Autoren zog und mir zu eigen machte, schaffte ich den zweiten Anlauf mit Gewinn erfolgreich Selbständig zu sein und auch zu bleiben. Weitere 2 Jahre später hatte ich meine Schulden getilgt.

> Ein ganz besonderer Dank gilt an dieser Stelle meiner zweiten Lebensgefährtin, die mir mit Rat und Tat zur Seite stand und mir den Rücken freihielt, sodass ich mich voll und ganz auf meine Aufgabe konzentrieren konnte.

Können Bücher Leben verändern? Ich habe es selbst erlebt und kann dir versichern, dass dem so ist. Lass mich ein wenig mutiger werden und fragen «*Warum kann ausgerechnet mein Buch dir helfen, dich zu verändern?*» Gerade weil ich so oft in der Jauchegrube saß, gerade weil ich so viele Bücher gelesen habe und gerade weil ich so vieles ausprobiert habe, kannst du von meinen Erfahrungen nur profitieren. Hier findest du keine nüchterne Theorie, sondern lebhafte Praxis. Ich verwende in diesem Buch eine deutliche Sprache und viele Beispiele, um dir den Weg zu einem schnellen Verständnis zu ebnen. Um meinen Lesern auf Augenhöhe zu begegnen, verwende ich in diesem Buch ein sehr respektvolles Du.

Dieses Buch ist in 2 Bereiche aufgeteilt. Der erste Teil setzt sich mit einzelnen Stadien auseinander, die vielfach falsch verstanden werden und daher oftmals zu Missverständnissen und Blockaden führen. Im zweiten Teil zeige ich dir dann Lösungen und Übungen auf, um Hindernissen vorzubeugen und entgegen zu wirken. Diese Vorgehensweise halte ich für extrem wichtig, denn erst wenn du weißt, was genau dich blockiert und dir im Weg steht, entsteht die Motivation und Einsicht, dagegen anzugehen und dadurch eine Veränderung zu bewirken.

Ich bitte dich vorab nur um eines. Wende die in diesem Buch befindlichen Informationen in deinem täglichen Leben an. In deinem **täglichen** Leben und nicht nur sonntags oder montags. Ich habe über 4 Jahre auf sichtbare Ergebnisse gewartet und ich habe

Unmengen an Büchern gelesen (manche sogar mehr als einmal). Heute kann ich mit Sicherheit sagen, dass es genau deshalb so lange gedauert hat, weil ich die Bücher **nur** gelesen habe. Wenn du viele Bücher liest, das Gelesene aber nicht mit deinen eigenen Gedanken befruchtest, ist das sprichwörtlich wie mit dem blinden Huhn, das auch einmal ein Korn findet. Natürlich hatte ich Geistesblitze oder Erkenntnisse und natürlich habe ich mich auch verändert, weil ich diese Bücher las, doch entwickelt habe ich mich im Schneckentempo. Mach daher bitte nicht denselben Fehler.

Der größte Fehler, den du machen kannst, ist unter Druck zu arbeiten. Ich musste mich verändern, also habe ich Bücher geradezu verschlungen. Ich dachte (damals), wenn ich nur genügend schlaue Bücher lese, wird mir das letztendlich auch helfen, schlau zu werden und die gleichen Erkenntnisse bescheren. Später ließ das Tempo nach und ich überflog die Zeilen nicht mehr, sondern begann Sie zu studieren und plötzlich fand ich in einem Absatz, in einem Satz und manchmal sogar in einem Wort dutzende von Antworten. Diese und nur diese Antworten, die du selber findest, werden dich verändern und weiter vorwärts bringen. In dem Moment, in welchem dir eine solche Antwort einleuchtet, wird sie für dich zur Wahrheit und somit ein Teil von dir.

Teil 1

Wahrheit

Welche Wahrheit lebst du oder noch besser ausgedrückt: IN welcher Wahrheit lebst du? Wie bereits erwähnt, habe ich über viele Jahre hinweg Bücher gelesen, in denen es um Geist, Energie, Bewusstsein, Unterbewusstsein, richtiges und falsches Denken, die Macht der Gedanken, die eigene Vollkommenheit etc. ging. Alles „Heititei". Viel zu esoterisch waren meine Gedanken und doch habe ich weiter gesucht. Ich fand auf eine Frage einfach keine deutliche Antwort. Ansätze vielleicht, aber immer blieb dieser Rest Unzufriedenheit. Die Frage, die mich antrieb, war ganz einfach « *WARUM?! WARUM verdient mein Chef mehr Geld als ich? WARUM sind manche Menschen glücklicher als ich? WARUM ist mein Leben, mein Alltag, so oft ein Kampf und für andere ein Tanz?* »

Du musst wissen, für mich ist jeder Mensch GLEICH. Lange Zeit war mein Leitsatz «*Wir setzen uns alle gleich auf die Toilette*», was die erwünschte Gleichheit ausdrücken sollte, doch wenn ich mich umsah, war da alles andere als Gleichheit. So nagte folgende Frage weiter an mir: «*WARUM geht es meiner Chefin besser als mir?*». Allein ihr Wohnzimmer war so groß wie meine ganze Wohnung. In der Küche gab es eine echte Granitplatte mit einem eingelassenen Spülbecken und einer Dunstabzugshaube aus Kupfer und von Hand geklöppelt. Im Haus lief man auf teuren Fliesen aus Italien und vom Wohnzimmer aus konnte man in den traumhaften Garten mit Wasserfall, einem Teich und einer Brücke, die über den Bachlauf führte, sehen. Ich saß damals in dem angebauten Bürogebäude mit verglaster Fensterfront und Blick zum Garten hinaus. Natürlich wurden Autos mit Stern gefahren oder Motoren aus den Bayrischen Motorwerken verwendet. Zu diesem Zeitpunkt hatte ich einen Manta B mit Garagenlackierung, selbst umgebautem Motor und geändertem Getriebe, sowie einem durchlöcherten Auspuff (man nennt das auch einen „Sportauspuff vom Schrottplatz").

Ja, Gleichheit; das ist so eine Sache. Damals musste ich meine Chefin vom Frankfurter Flughafen abholen. Ihr Sohn war für ein Jahr in den USA gewesen und sie und ihr Mann waren kurz über den Teich geflogen, um ihn abzuholen und die Formalitäten zu klären. Ich kannte Amerika höchstens aus dem Erdkunde-Unterricht. Ich sollte Sie in Frankfurt mit dem BMW abholen (natürlich; denn im Manta hätte das Gepäck auch nicht genügend Platz gefunden). Ich bin 3 Stunden früher losgefahren und das für eine Strecke von ca. 120 km. Die maximale Höchstgeschwindigkeit betrug 140 km/h. Um nichts in der Welt sollte dem BMW etwas zustoßen. Ich parkte direkt vor dem Ankunfts-Terminal und hatte noch ein wenig Wartezeit vor mir (ca. 1,5 Stunden). Endlich kam sie aus dem Zoll und urplötzlich umarmte mich meine Chefin voller Herzlichkeit und Dankbarkeit. *«Schön, dass Sie pünktlich sind und ich mich auf Sie verlassen kann.»*, waren ihre ersten Worte. Ich konnte mich mit ihr schon immer gut unterhalten und so erfuhr ich, dass in Amerika auch nicht alles so glatt gelaufen war, wie Sie es sich vorgestellt hatte und ich dachte noch: *«Ja, das kenne ich gut, bei mir läuft auch im Moment nicht alles rund.»* Die Gleichheit war also wieder hergestellt. Reiche Menschen haben auch Probleme. Allerdings gab es einen kleinen Unterschied: Nach ein paar Tagen war ihre Ordnung wieder hergestellt und meine Welt war... (aber lassen wir das lieber).

Aber sind wir eigentlich noch immer beim Thema Wahrheit. Diese kurze Geschichte sollte lediglich aufzeigen, wie unterschiedlich jeder von uns die Welt sieht (also in Seiner Wahrheit lebt) und doch besiedeln wir alle gemeinsam denselben blauen Planeten. Frage 10 Menschen zu einem bestimmten Thema nach Ihrer Meinung. Du wirst 10 unterschiedliche Antworten erhalten, basierend auf dem Wertebild und den

Erfahrungen eines jeden. Jetzt fische dir die Antworten heraus, die dir am plausibelsten erscheinen, bestücke dies mit deinen eigenen Erfahrungen und ZACK schon hast du eine neue Wahrheit, nach der du fortan lebst.

Schwer zu glauben? Oftmals benötigst du noch nicht einmal 10 verschiedene Meinungen. Auf meinem Weg zum Büro kam ich am laufenden Fernseher vorbei. Es lief eine Reportage über Olivenöl aus Italien. Ein Olivenbauer beklagte sich darüber, dass er sich kaum vorstellen könne, dass ein hochwertiges Olivenöl in Europa für unter 4 Euro zu kaufen sei. Danach wurde kurz über die Olivenöl-Mafia gesprochen. Im Abspann der Reportage vermerkte der Journalist, dass man auf jeden Fall auf das Etikett achten solle, um sich vor gepanschtem Öl zu schützen. Der letzte Satz der Reportage lautete: *«Die Olivenöl-Mafia vermag auch die Etiketten der Olivenöl-Flaschen zu fälschen.»*

Welche Wahrheit hat sich hier in weniger als 10 Minuten gebildet? Und nach dieser Wahrheit habe ich ja noch nicht einmal gefragt. Sie lief so unterschwellig ab, dass wir es noch nicht einmal direkt bemerkt haben. Doch bei einem zukünftigen Einkauf werde ich sicher wieder damit konfrontiert. Vielleicht stehe ich im Supermarkt und halte eine Flasche Olivenöl mittlerer Qualität in der Hand und denke plötzlich an diesen Fernsehbericht. Jetzt entscheidet sich, wie ich damit umgehe und ob ich zu mir sage: *«Da kann ich auch das preiswerte Öl nehmen, denn beschissen werde ich doch so oder so.»* oder unser innerer Dialog hält dagegen: *«Ein Journalist hatte vermutlich Langeweile. Ich nehme das Öl schon seit Jahren und es ist ausgezeichnet.»* Ich möchte noch eine weitere Alternative einbringen. Meine Chefin kauft schon seit Jahren ihr Öl, ihren Essig, die Salami und Weine in einem kleinen Delikatessengeschäft. Hier bedient der Inhaber selbst und ihrer Meinung nach unterhält er hervorragende Kontakte zu den einzelnen Herstellern direkt vor Ort. In ihrem Denken ist die Reportage überhaupt nicht mehr präsent.

So unscheinbar diese kleine Geschichte auf den ersten Blick erscheinen mag, so ungemein wichtig ist sie. Sie verdeutlicht den ersten entscheidenden Schritt auf der Suche nach dem WARUM.

Wie kann das sein?

Diese Geschichte steht zum Beispiel für viele als eine Wahrheit, denn unser Leben besteht aus vielen solcher kleinen Geschichten. Je nachdem wie viel Aufmerksamkeit du einer Geschichte widmest und wie viel Glauben wir in eine Geschichte investieren, umso schneller bildet sich daraus ein Glaubenssatz bzw. eine Wahrheit in unserem Leben. Es entsteht eine Wahrheit, die uns fortan begleitet und uns bewusst oder unbewusst beeinflusst. Betrachten wir diese unglaubliche Erkenntnis unter 2 Aspekten:

1. Von welcher Qualität ist eine Geschichte?
   Unterscheiden wir hier lediglich einmal nach positiv und negativ. Ist der Kern einer Geschichte für uns förderlich, so ist sie positiv. Ist der Kern einer Geschichte für uns hinderlich, so ist sie negativ. Dabei geht es nicht darum, die Welt aus einer rosaroten Brille zu betrachten, sondern darum, sich zu fragen, will ich mich mit jener Geschichte identifizieren (betrifft es mich wirklich oder nicht). Benötige ich diese Information wirklich oder kann ich Sie auch einmal genüsslich verpassen?

2. Wie viel Aufmerksamkeit investiere ich in eine Geschichte?
   Dazu solltest du dir bewusst machen, dass du eine Sache immer verstärkst, je mehr Aufmerk-

samkeit du ihr widmest. Unser Denken kreist weiterhin um die Geschichte und jeder Gedanke ist wie eine Versorgungs-Pipeline, die die Geschichte mit Nahrung beliefert. Betrachtest du letzten Endes die Geschichte als WAHR, so wird sie ein Teil, eine Wahrheit von dir. Die Summe dieser Wahrheiten ist das, was unseren Charakter prägt und sich zu unserem Glaubenssystem gesellt.

Zu Punkt 2, zur Aufmerksamkeit, sei kurz angemerkt, dass ihr bei Weitem zu wenig Interesse gewidmet wird. Wir alle kennen Sätze wie: „Er geriet in Rage.", oder „Schaukel die Sache doch nicht so auf.", oder „Er fährt gerade seinen Film.", und genau das ist damit gemeint, wenn eine Sache zur Wahrheit wird und uns einnimmt. Dann erleben wir leibhaftig, dass aus einer Mücke ein Elefant wird oder ein Schneeball zur Lawine. Anschließend kann der Betreffende weder den Elefanten noch die Lawine übersehen und er lebt fortan mit dieser integrierten Wahrheit.

- Ist dir bewusst, wie **WICHTIG** diese beiden Punkte sind?
- Ist dir bewusst, wie **WICHTIG** die Frage nach dem WARUM ist?

Die Summe vieler kleiner Geschichten bzw. vieler kleiner Wahrheiten stellt unser Glaubenssystem dar. Einfacher ausgedrückt: So sehen wir die Welt! Und so, wie wir die Welt sehen, so leben wir bzw. haben wir doch auch eine gewisse **Erwartungshaltung** an die Welt, RICHTIG?

Nehmen wir einen Optimisten als Beispiel. Seine Wahrheiten haben sein Glaubenssystem mit vielen kleinen positiven Geschichten (Erfahrungen) durch-

drungen. Er kann sich überhaupt nicht vorstellen, dass er sich gegen irgendetwas oder irgendjemanden wehren_müsste.
- Sein Leben ist im Fluss, wie man so schön sagt.
- Verliert er seine Anstellung, lebt er in der Erwartung, dass ihm schon bald eine noch bessere Position angeboten wird.
- Im Falle eines Unfalls nimmt er den Umstand als Anlass, sich die notwendige Ruhe und Erholung zu gönnen, wozu er vorher durch seine Aufgaben nicht kam, um nach seiner Genesung mit voller Energie wieder durchstarten zu können.
- Bei steigenden Benzinpreisen (Verschlechterung der Marktsituation) schichtet er seine Kapitalanlagen um und nutzt so die Zeichen der Marktwirtschaft um einen satten Gewinn einzustreichen.

Kennen Sie den Satz „Geld kommt immer zu Geld"?
Der Pessimist sieht das hingegen völlig anders:
- Sein Leben ist hart und anstrengend.
- Bei Arbeitslosigkeit denkt er – in meinem Alter finde ich doch sicher nichts Passendes mehr.
- Bei einem Unfall sieht er sich als Verlierer: „Klar, das konnte auch nur mir passieren.".
- Die steigenden Benzinpreise machen im richtig Angst: „Wo soll das noch hinführen? Bald arbeiten wir nur noch für Benzin und Miete.".

Auch du kennst solche Menschen, auch „Pechvögel" genannt. Mitten im Saal fällt ein Glas Sekt um und auf wessen Anzug wird es landen? Genau, auf dem unseres Pechvogels.

Aber werden wir eigentlich als Optimisten oder Pessimisten, als Gewinner oder Verlierer geboren? Mit Sicherheit nicht oder hast du eine Hebamme jemals bei einer Geburt ausrufen hören: «*Oh, da haben Sie aber einen schlimmen kleinen Pessimisten bekommen.*» Wir wurden jedoch auch nicht mit der Wahrheit geboren, reich oder glücklich zu sein oder gesund zu bleiben. Und das ist auch gut so, denn es bedeutet doch letztendlich, dass wir es selbst in der Hand haben. Es gibt keinen Gott oder Schicksal, die es uns unmöglich machen, in Wohlstand, Liebe und Gesundheit zu leben._Wir haben es selber in unserer Hand bzw. in unserem Gehirn.

Ich bin mir bewusst, dass es vielen Menschen nicht so ergeht. Sie werden weder glücklich, noch reich geboren oder führen gar ein erfülltes, harmonisches Leben voller Wohlstand und Liebe. Dieses Kapitel soll dir aufzeigen, wer dir dabei am meisten im Weg steht. Oder lass es mich einmal provokanter in den Raum stellen: «*WARUM entscheidest du dich denn nicht dafür?*»

Wie soll das jetzt wieder gehen? Nun, indem wir Verantwortung übernehmen. Wir haben im Vorangegangenen erkannt, wie kleine Geschichten sich in unserem Leben integrieren und wie sie zu einer Wahrheit werden, die wir dann ausleben. Wir haben ebenfalls erfahren, dass wir selbst entscheiden, ob wir ihnen unsere Aufmerksamkeit schenken oder nicht, bevor sie zu einer Wahrheit für uns werden. Warum wir ihnen unsere Aufmerksamkeit widmen, sollten wir durch den Filter der Qualität bestimmen.

Hat sich in dieser Abfolge ein heimlicher Dritter versteckt? NEIN. Somit wird dir doch sicher deutlich, dass du ganz alleine die Verantwortung hast, wem oder was du zukünftig deine Aufmerksamkeit widmen wirst. Somit kann sich ein starkes und gesundes Glaubenssystem erhalten bzw. wieder aufbauen. Was dich dabei behindert und auf was du achten musst, zeigen dir die Kapitel „Prägung" und „Innerer Dialog".

Im nachfolgenden Kapitel gehen wir noch ausführlicher auf das Thema Verantwortung ein. Aber auf das Thema Wahrheit einzugehen, ohne einen Blick auf Ursache und Wirkung zu werfen, wäre nicht richtig. Und Ursache und Wirkung lassen sich mit dem Thema Verantwortung leichter erläutern, doch möchte ich hier an dieser passenden Stelle schon eimal vorab darauf eingehen.

Ursache und Wirkung wird von einem Großteil der Menschheit völlig falsch verstanden. Nehmen wir hierzu ein Beispiel zur Hand:

Frage: Womit beschäftigt sich ein reicher Mensch tagtäglich?
Antwort: Wie werde ich noch reicher?

Frage: Womit beschäftigt sich ein armer Mensch tagtäglich?
Antwort: Was kann ich tun, um nicht noch ärmer zu werden? Wo kann ich noch Einsparungen vornehmen?

Betrachten wir den Ansatz der beiden Aussagen. Der reiche Mensch denkt über weitere Einnahmen nach. Somit öffnet er sich für Ideen, die zu erfolgreichen und gewinnbringenden Entscheidungen führen. Der arme Mensch denkt über Einsparungen nach, im Sinne von „den Gürtel enger schnallen" und reduziert und schmälert damit seinen Wohlstand. Da sein Denken auf Einsparen fixiert ist, wird er eine lohnende Investition nicht erkennen, selbst wenn sie ihm auf die Stirn getackert werden würde. (Er erkennt den Wald vor lauter Bäumen einfach nicht, weil sein Blick nicht auf Investition, sondern auf Einsparung ausgerichtet ist.)

Nun zu Ursache und Wirkung. Der reiche Mensch geht direkt zur Basis in SEINEM INNEREN und sucht nach neuen Ideen und Möglichkeiten. Er ist sich bewusst, dass sein Wohlstand nur die Aus-WIRKUNG davon ist, dass er gute Entscheidungen getroffen hat. Gute Entscheidungen gibt es für ihn nur an einem Ort. Er wägt in der Stille, in der Ruhe ab, was das Beste für ihn ist. Dies ist die Ursache für seinen Wohlstand und Reichtum.

Der arme Mensch arbeitet lediglich mit der Aus-WIRKUNG. Er geht monatlich zweimal weniger auswärts Essen, hört auf zu rauchen oder kündigt die eine oder andere Versicherung. All dies sind jedoch nur Auswirkungen, die er vollziehen MUSS, weil er nicht an der Ursache arbeitet. Würde er an der Ursache arbeiten, müsste er ebenfalls in sich gehen und sich fragen:

«Wann habe ich angefangen, wie ein armer Mensch zu denken und wie kann ich erlernen, wie ein reicher Mensch denkt.»

Ständig sehe ich Menschen gegen die Auswirkungen ihres eigenen falschen Denkens ankämpfen. Besser wäre es, die Verantwortung dafür zu übernehmen, in welcher Wahrheit sie leben. Unterbreitet man ihnen jedoch einen solchen Vorschlag, erhält man folgende oder ähnlich gelagerte Antworten:

- Verantwortung übernehmen hört sich interessant an, aber ich glaube, das ist nichts für mich.

- Das ist mir zu aufwendig und anstrengend.

- Es ist für mich einfacher, alles so zu belassen.

Ist es wirklich anstrengender und aufwendiger, die Verantwortung zu übernehmen, statt es nicht zu tun? Hier lohnt sich ein zweiter Blick. Was ist anstrengender...

- ...im Wohlstand zu leben oder arm zu sein?
- ...sich voller Energie oder ausgelaugt und träge zu fühlen?
- ...Beziehungen zu führen, die bereichern oder solche, die verpflichten?
- Einer Aufgabe nachzugehen, die inspiriert oder einer, die man ausführen muss, um Geld zu verdienen?

Definitiv handelt es sich hier um Auswirkungen der übernommenen oder abgelehnten Verantwortung. Allerdings können wir hierdurch nicht den Aufwand ableiten, der entsteht, wenn wir die Verantwortung übernehmen. Betrachten wir dies an einigen einfacher Beispiele im nächsten Kapitel.

Bevor wir uns dem Kapitel Verantwortung stellen, nimm dir bitte die Zeit, um zu folgenden Themen DEINE Wahrheiten aufzuschreiben. Welche Gedanken begleiten dich in den Themen Reichtum, Liebe und Harmonie.

Beispiel:
Reichtum = Geld rinnt mir nur so durch die Finger
Harmonie = Für alles was ich erreichen will muss ich hart kämpfen usw.

Reichtum: _____
_____
_____
_____
_____
_____

Liebe: _____
_____
_____
_____
_____
_____

Harmonie: _____
_____
_____
_____
_____
_____

Gedanken und Fragen zur Vertiefung

- Ist die Wahrheit, die du lebst, jene, die deinem Ideal entspricht?

- Die Geschichten, die du täglich erlebst, entsprechen deiner Erwartungshaltung an die Welt und an dein Leben.

- Ist dein Denken realistisch, pessimistisch oder optimistisch?

- Suchst du die Ursache für die Gegebenheiten deines Lebens in deinem Umfeld, in der Wirtschaft oder in der Politik?

- Wahrheiten verstärken sich, je mehr Aufmerksamkeit du ihnen schenkst.

- Übernimm zukünftig die Verantwortung dafür, dass du nur jenen Situationen deine Aufmerksamkeit widmest, die für dich förderlich sind.

- Lehne es ab, dich mit neuen destruktiven Gedanken, Geschichten oder Situationen auseinanderzusetzen. Hierbei handelt es sich um deine eigene Willensentscheidung und obliegt somit deinem Verantwortungsbereich.

Verantwortung

Meine Frau hat sich gerade ein Stück von meinem Eisbecher gemopst und verzieht plötzlich das Gesicht zu einer Grimasse. «*Bah, das ist ja total süß!*» Darauf sagte ich zu ihr: «*Wenn dein Gesicht jetzt so stehen bleibt, wirst du für den Rest deines Lebens schrecklich aussehen.*» Worauf Sie kontert: «*Ja und du musst mich dann so ertragen!*» Ich erwidere: «*Das muss ich nicht, denn du bist selbst dafür verantwortlich, wie du aussiehst und ich dafür, was ich sehen will!*»

Aber Spaß beiseite, wir alle kennen doch Aussagen zur „Servicewüste Deutschland", richtig? Wie steht es aber um unseren eigenen „Service"? Allzu oft scheitern wir schon an den kleinen Dingen. Unser Partner bittet uns darum, den Müll zu entsorgen und wir sagen zu, es gleich zu tun. Abends steht der Müll dann immer noch an seinem Platz. Nun reagiert der Partner sauer und jetzt schlagen wir meistens einen dieser beiden Wege ein:

- Groß schlägt Klein:
  Es ist etwas dazwischen gekommen, das einer viel größeren Verantwortung bedarf. Zum Beispiel: «*Ich musste mit der Schwiegermutter zum Arzt fahren, da habe ich den Müll glatt vergessen. Was hätte ich auch sagen sollen? Ich kann jetzt nicht mit dir zum Arzt, weil ich mich noch um den Müll kümmern muss?*»

- Angriff ist die beste Verteidigung:
  «*Ich soll immer die Aufgaben erledigen, die sonst keiner machen will. Du suchst dir immer die besseren Aufgaben aus und der Rest bleibt dann an mir hängen. Ist das etwa fair?*»

Der gleiche Mensch wird sich übrigens furchtbar über einen Kollegen aufregen, den er um Hilfe beim Entrümpeln des Kellers gebeten hatte und der am Samstag einfach nicht auftauchen will. Solche Menschen kennen zur Genüge nachfolgende Satz-Konstellationen:

- Ich würde es ja machen, nur weiß ich absolut nicht wie.

- Ich kann es ja mal versuchen.

- Heute schaffe ich es nicht, eventuell morgen. Aber versprechen kann ich das auch nicht.

Nach diesen offensichtlichen Beispielen versuchen wir es nun etwas subtiler. Ich spiele leidenschaftlich gerne Bowling und das in einem Verein in Rheinland-Pfalz. Mittlerweile ist die gesamte Familie infiziert und immer mittwochs gehen wir zur sogenannten Mittwochliga. Mein Schwiegersohn in spe (nennen wir ihn MAX), spielt noch nicht so lange und daher ist sein Spiel jeweils stark abhängig von seiner Tagesform. Nach dem zweiten Spiel sitzt er mit einem langen Gesicht auf der Bank und da ich auf einer anderen Bahn gespielt habe, gehe ich zu ihm und frage, was denn los sei.

MAX: *«Es läuft heute nicht so gut. Trotzdem habe ich fast meinen Schnitt gespielt. Dann hat mein Teamkollege (du musst wissen, wir spielen in 2er Teams) zu mir gesagt, ich solle mich beim Anlauf eine Fußbreite weiter nach rechts stellen. Danach habe ich gar nichts mehr getroffen und wir haben das zweite Spiel natürlich verloren. UND WARUM? Nur weil ich mich weiter nach rechts stellen sollte.»*

ICH: *«Also ist dein Teamkollege schuld daran, dass ihr verloren habt?»*

MAX: «*Richtig! Er hat ja gesagt, ich solle mich weiter rechts aufstellen.*»

ICH: «Aber geworfen hast du?»

MAX: (etwas vorsichtiger mit seiner Antwort) «*Jaaah* »

ICH: «*Und entschieden, es etwas weiter rechts zu versuchen, hast auch Du?*»

MAX: «*JA!*» (oh, dieses Ja hat weh getan)

ICH: «*Mal ganz abgesehen davon, dass ihr beide verloren habt, wer ist verantwortlich für deine schlechte Laune?*»

MAX: (sieht mich mit großen Augen an und sagt zwei Sekunden später) «*Ich selber* »

Schuldzuweisungen verlagern immer die eigene Verantwortung. Erschwerend kommt hinzu, dass wir damit auch die Kontrolle abgeben. Wenn du die Kontrolle abgibst, bist du machtlos und ausgeliefert. Du entziehst dich dem Einfluss auf das Endergebnis. Max hätte akzeptieren können, dass es Tage wie diesen gibt. Mit Sicherheit hätte das Gehirn ein wenig Druck abgebaut und somit wäre Raum für Lösungen entstanden. Die Verantwortung wäre bei ihm selbst geblieben und zur eigenen Frustration wäre nicht auch noch der Ärger über seinen Teamkollegen gekommen. Vielleicht wäre sogar noch etwas Raum geblieben, über sich selbst zu lachen und den Abend somit zu retten.

Eine weitere völlig absurde Möglichkeit sehen manche Menschen darin, sich gar nicht zu entscheiden und somit in dem Irrglauben leben, dadurch keine Verantwortung übernehmen zu müssen. Halten wir an dieser Stelle eines ganz deutlich fest: Ein Mensch, der sich entscheidet, sich nicht zu entscheiden, muss diese eine ausschlaggebende Entscheidung selbst treffen. Auch wenn er nun anschließend zum Spielball eines jeden wird, der bereit ist, Entscheidungen für ihn zu treffen, so bleibt die Konsequenz und Verantwortung doch an ihm selbst haften. Somit ist wohl diese Art und Weise, seine Entscheidungsfreiheit auszuleben, die dümmste, die ein Mensch im Stande ist abzugeben.

Es scheint verzwickt oder gar anstrengend und kompliziert und doch ist die Lösung denkbar einfach. Sie springt uns sprichwörtlich fast ins Gesicht.

ÜBERNIMM FÜR DEIN TUN, HANDELN UND DENKEN IMMER DIE VOLLE VERANTWORTUNG!

Das ist der absolut einfachste Weg!

Das zu glauben fällt erst einmal schwer, doch denken wir bitte einmal darüber nach. Wie lange dauert eine Diskussion über den nicht erledigten Müll? Wie viel negative Energie wird bei einer solchen Diskussion erzeugt? Du wirst mir zustimmen, dass die anschließende Situation mit der eigentlichen Aufgabe in keinem Verhältnis mehr steht. Wie viele dieser kleinen Verantwortungskiller werden wir noch finden, wenn wir nur einen Tag nüchtern betrachten und ehrlich zu uns selbst sind?

Drehen wir den Spieß einmal herum und betrachten, wie viel Spaß es machen kann, selbst für so etwas Banales wie Müll die Verantwortung zu übernehmen. Also noch einmal: Dein Partner bittet dich, den Müll zu entsorgen und du versprichst, dich gleich darum zu kümmern. Während du nun den Müll erledigst, bemerkst du, dass die Spülmaschine ausgeräumt werden kann. Da du ja sowieso gerade in der Nähe stehst, investierst du die 4 Minuten für das Ausräumen der Spülmaschine (solltest du mehr als 4 Minuten benötigen, ist die Küche zu groß und du solltest dann wirklich Personal einstellen). Anschließend wischst du noch schnell über das Ceranfeld des Herdes (ca. 2 Minuten) und holst dir ein Bier, ein Glas Sekt oder einen Saft aus dem Kühlschrank. Nun setzt du dich ins Wohnzimmer vor den Fernseher. Glaube mir, du hast ein tolles Gefühl dabei und ein schelmisches Grinsen im Gesicht, wenn dein Partner aus dem Bad kommt und in die Küche geht, um die Spülmaschine auszuräumen. Wenn du jetzt nicht etwas gravierend Falsches sagst, steht an diesem Abend kuscheln auf dem Programm.

Ich sehe förmlich, wie du die Stirn runzelst und höre dich sagen: «*Das mag ja beim Müll so klappen, ABER ...*»

Und genau daran liegt es. Die drei besten Freunde für das Versagen vieler sind, **WENN**, **ABER** und **UNMÖGLICH**. Verantwortung beginnt damit, ein WENN, ABER oder UNMÖGLICH gar nicht erst zuzulassen, sondern nach Lösungen Ausschau zu halten. Hier ist kein Platz für Aufschieberitis oder Ausreden. Nur Versager sehen ein Problem und werden dadurch entmutigt. Als Folge daraus finden sich Versager meistens in Armut und unharmonischen Beziehungen wieder. Nicht umsonst versteckt sich im Wort Armut die Bedeutung „Arm an Mut". Die Kausalkette die sich hieraus ableitet, ist bemerkenswert. Jemand der arm an Mut ist und für sein Tun, Handeln und Denken nicht die volle Verantwortung übernimmt, verfügt unweigerlich über ein geringes Selbstvertrauen und Selbstbewusstsein. Der eigene Selbstwert reduziert sich proportional zu den verwendeten Ausreden. Um wie viel besser fühlt es sich an, eine Aufgabe anzugehen, bei einem Problem nach Lösungen zu suchen und die Aufgabe mit Erfolg abzuschließen. Es ist hierbei egal, ob die Aufgabe „Müll entsorgen", „einem Freund helfen" oder „sich neuen Aufgaben im Berufsalltag zu stellen" lautet. Du erkennst, um wie viel anstrengender ein Leben ist, wenn du auf Verantwortung verzichtest?

Überall bieten sich Situationen, in welchen wir unsere Verantwortungsbereitschaft testen und trainieren können. Hierzu ein Beispiel aus dem beruflichen Bereich:

> Nebenbei eine weise Anmerkung, die ich in einem religiösen Krankenhaus im Zimmer des Personalleiters gelesen habe: *„Es sind nicht die Dinge, die wir tun, die uns die Kraft rauben, sondern die, die wir nicht tun!"*

Mit 22 Jahren entdeckte ich mein Interesse für Computer. Ich hatte das Glück, einen alten 8086er PC für kleines Geld erwerben zu können. Für Computerkurse hatten wir damals kein Geld, daher lernte ich aus Büchern. Schon nach kurzer Zeit kam dann ein wesentlich besserer PC ins Haus und hinzu kamen die gängigen Windows-Programme (Word für Windows und Tabellenkalkulation). In meiner Freizeit verbrachte ich fast jede freie Minute am PC und so wuchs mein Interesse mit jedem weiteren Programm. Spiele interessierten mich nicht sonderlich. Mich reizte es eher herauszufinden, was „IN" einem Programm vorging. Also tastete ich mich vor in die Welt der Programmierung. Später kam es dann des Öfteren vor, dass meine Frau mich zum Essen rief. Ich rief zurück: *«Ja, ich komme gleich!»* Nach einer Stunde sagte sie dann zu mir: *«Ich habe dein Essen in die Mikrowelle gestellt.».* Hätten wir zu dieser Zeit einen Hund gehabt, wäre ich wahrscheinlich verhungert. Ich schrieb kleinere Programme, nichts Besonderes. Nur so aus Spaß und um das Gelernte auszuprobieren. Eines Tages flatterte plötzlich ein Werbeprospekt einer Firma aus dem Norden zu uns in Haus. In dem Prospekt ging es um Computerschulungen zu den Bereichen Windows-Betriebssystem, Word und Excel.

Zu diesem Zeitpunkt ging es mir nicht so gut, harmlos ausgedrückt, würde ich mich als destruktiv bezeichnen. Vielleicht gerade deshalb schrieb ich auf die Antwortpostkarte: *«Ich benötige Ihre Schulungen* nicht. Mit meinem eigenen Wissen kann ich selber Schulungen abhalten ». Ich musste die Antwortpostkarte noch nicht einmal freimachen, denn es hieß: „Die Gebühr bezahlt der Empfänger". Ich rechnete nicht damit, etwas von der Firma zu hören, vielmehr war ich einfach nur frustriert und verärgert über die Massen an Werbepost und froh darüber, etwas Dampf ablassen zu können.

Vier Monate später erhielt ich ein Schreiben, in welchem stand:

Sehr geehrter Herr Gerhardt,

leider ist der Dozent für unsere Kurse in Ihrer Region erkrankt. Sie haben uns geschrieben, dass Sie Schulungen durchführen können und wir würden uns freuen, wenn Sie sich mit uns in Verbindung setzen würden, um die Einzelheiten zu besprechen.

Mit freundlichen Grüßen

Glaube mir, ich war platt. Ich war doch nur frustriert gewesen und wollte einen dummen Spruch loswerden. Als meine Frau von der Arbeit kam, zeigte ich ihr den Brief. Sie sah mich an und sagte: «*Und, machst du's!?* ». Ich tippte an meine Stirn: «*Sag mal, spinnst du? Ich habe so etwas doch noch nie gemacht. Mich hat doch nur die blöde Werbung genervt!*» Sie ließ mich stehen ohne ein weiteres Wort zu sagen. Aber kennst du diesen Blick? Er spricht Bände und sagt so etwas aus wie: «*Na klar, nur eine große Klappe!*». Hinzu kam, dass die Ehe zu dieser Zeit nicht so gut lief und Beziehungsprobleme, angereichert mit Geldsorgen sind wie Nitro mit Glycerin. Ich habe zwei Nächte nicht geschlafen, bis ich mich endlich durchgerungen hatte und anrief. 3 Tage später hatte ich 16 Laptops im Wohnzimmer stehen und insgesamt 3 Verträge unterschrieben, in denen ich für Abendschulungen gebucht wurde. Kurs 1 fand immer montags und mittwochs statt. Kurs 2 wurde am Dienstag und Donnerstag abgehalten und freitags fand dann noch eine Einzelschulung statt. Die Kurse waren auf 8 Wochen verteilt und dauerten ca. 2 Stunden an den Abenden. Das Unternehmen hatte spezielle Schulungsunterlagen vorbereitet, die mit den Teilnehmern durchgearbeitet wurden. In der ersten Woche kam ich nach den Schulungen schweißgebadet nach Hause. Nach den Aussagen meiner Frau muss ich ziemlich merkwürdig gerochen haben, denn sie schickte mich umgehend unter die Dusche. Ja, ich hatte Angst. Heute kann ich das zugeben, doch diese Wochen haben in mir auch sehr viel bewegt. Mir wurde bewusst, dass ich etwas konnte. Ich hatte die Verantwortung für mein Handeln übernommen und mich der Angst vor etwas Unbekanntem gestellt. Die Konsequenzen für meine große Klappe waren ein paar schlaflose Nächte und Lampenfieber gepaart mit Schweißausbrüchen bei den ersten Schulungsterminen. Der sichtbare Lohn war eine Menge Spaß und Anerkennung von meinen Teilnehmern, sowie durchweg gute Bewertungen und fast 6.000 DM Honorar. Der unsichtbare Lohn bestand aus einem fetten Plus an Selbstvertrauen und einer gehörigen Menge Stolz, als die Schecks auf dem Konto waren.

Stelle dir nur einmal vor, was ich alles verpasst hätte, wäre ich in meinem alten Trott geblieben. Ich hätte ganz leicht sagen können: *«Ja, wenn ich die entsprechende Ausbildung hätte, DANN WÜRDE ich die Schulungen abhalten, aber so!»*. Und da wäre ja auch nichts dran zu rütteln gewesen, denn einen Schein oder eine Urkunde hatte ich ja wirklich nicht. Doch in den 2 - 3 Jahren, in denen ich meiner Leidenschaft und meinem Hobby PC nachgegangen bin, wollte ich immer alles genau wissen; wie man mit diesen Programmen umgeht und was man alles mit ihnen anstellen kann. Unweigerlich habe ich ihnen meine ganze Aufmerksamkeit gewidmet. Hatte meine Frau auf ihrer Arbeit mit einem Programm Probleme (sie war damals als Industriekauffrau angestellt), rief sie mich an und egal wo ich mich gerade befand, schloss ich die Augen und konnte ihr jede Maske und jeden Schalter nennen, auf den sie als nächstes drücken musste. Ja, ich kannte diese Programme, was ich offensichtlich nicht wusste, war, wie man dieses Wissen weitergibt und doch, unbewusst hatte ich diesen Part schon oft mit meiner Frau trainiert. Und glaub mir, wenn du deiner Frau oder deinem Partner etwas zeigen willst, sodass sie oder er es beim nächsten Mal selber kann und der Partner anschließend nicht verstimmt oder übellaunig ist, weil du zu forsch, zu ungeduldig oder gar herrisch warst, dann kannst du auch einem fremden Menschen etwas beibringen.

Schaue dir dieses Beispiel ganz genau an. Es steht für viele Bereiche und du kannst es nach Belieben kopieren. Vielleicht kommt dein 14 jähriges Kind mit dem Wunsch nach einem Tattoo oder einem Piercing zu dir; dein Chef weist dir einen neuen Bereich zu oder du bemerkst, dass die Arbeit, der du momentan nachgehst, dir überhaupt keinen Spaß macht; dein Partner will, dass du am Samstag mit zu einer Geburtstagsparty kommst, doch du hast schon deine Hilfe bei einem Umzug angeboten. Die Situation oder das Ereignis wird sich ändern, doch wie du letztendlich damit umgehst, entscheidet, ob du die Verantwortung übernehmen und einen positiven Lohn, ob mental oder materiell, gutschreiben kannst.

Dieser Moment ist dazu prädestiniert kurz innezuhalten und nachzudenken. Wir haben nun *Wahrheit*, *Verantwortung* und *Ursache und Wirkung* thematisiert. Bringen wir diese 3 Phasen in die richtige Reihenfolge, erschließt sich uns daraus ein **echtes Wunder**, welches dein Leben von Grund auf neu gestalten kann:

1. Verantwortung

2. Ursache und Wirkung

3. Wahrheit

In der ausführlichen Fassung bedeutet das:

1. Ich übernehme die volle **Verantwortung** für mein Tun, Handeln und Denken.

2. Dadurch ändere ich fortan für jedes Ereignis die **Ursache und Wirkung** (Auswirkung),…

3. …wodurch **neue Wahrheiten** meinen Lebensalltag prägen werden.

Nehmen wir die Aussage von Albert Einstein:

«Probleme kann man niemals mit derselben Denkweise lösen, durch die sie entstanden sind.»

Schon hier wird deutlich, das, wenn sich das Denken ändert, ändert sich die Handlungsweise. Und ändert sich die Handlungsweise, so ändert sich letztendlich das Ergebnis. Aktives bewusstes positives Handeln wird einer negativen Prägung immer entgegen wirken.

Apropos Prägung, im folgenden Kapitel stellen wir uns dem Thema Prägung und wie viel Macht sie bisher auf uns ausgeübt hat ohne das wir uns dessen bewusst waren. Diese Maske werden wir Ihr entreißen. Bevor wir uns jedoch diesem spannenden Thema stellen, nimm dir einen Moment (oder auch ein oder zwei Tage) Zeit, um intensiv über Verantwortung, Ursache und Wirkung und Wahrheit nachzudenken. Nutze die Zeit um das Gelesene zu verarbeiten und zu vertiefen. Stelle dich der Verantwortung, einem oder zwei Problemen aus deinem Alltag nicht aus dem Weg zu gehen oder sie auf später zu verschieben. Nimm sie dir stattdessen JETZT vor. Ich meine damit, dass du ein oder zwei Probleme JETZT niederschreiben und sie somit sichtbar machen sollst. Habe ruhig den Mut, ein Problem auch einmal laut auszusprechen. Ich verspreche dir, es macht Spaß. Nimm also bitte einen Stift und verschieb es nicht wieder auf einen anderen Tag.

Problem 1:

Problem 2:

Nachdem du das vollbracht hast, suchst du nach einer Lösung.

Konzentriere dich dabei ausschließlich auf das gewünschte Endergebnis und nicht auf den Weg dahin!

Du hast wirklich nichts zu verlieren. Es ist niemand anwesend, der dir prüfend über die Schulter schaut. Stell dir beispielsweise bildhaft vor, wie du deinem ehemaligen Kontrahenten freundlich die Hand zum erfolgreichen Abschluss schüttelst. Oder wie dir dein Chef anerkennend auf die Schulter klopft oder der verständnisvolle Partner dich liebevoll in den Arm nimmt. Achte darauf, dass das Endergebnis für beide Parteien positiv aussieht. Ein Endergebnis, in welchem du einem anderen überlegen bist oder ihm mit Häme begegnest, ist also kein Endergebnis, mit dem du leben willst und was sich auf Dauer gut anfühlen würde.

Schreibe deine gefundenen Lösungen in die nachfolgenden freien Zeilen. Genieße es, eine Lösung, ein Ergebnis oder sogar eine Wahrheit gefunden zu haben und freue dich darüber. Wenn du diese Übung JETZT für dich durchgeführt hast, sei sehr stolz auf dich. Du bist nicht ausgewichen und hast dadurch die Verantwortung übernommen.

Lösung zu Problem 1:

Lösung zu Problem 2:

Nun sind wir bereit für das Kapitel Prägung!

Gedanken und Fragen zur Vertiefung

- Übernimm für dein Tun, Handeln und Denken immer die volle Verantwortung!

- Die Worte WENN, ABER und UNMÖGLICH erlauben dir nicht, dem Besten in dir zu entsprechen.

- Jedes Mal wenn du die Verantwortung übernimmst und Lösungen erarbeitest, wird dein Selbstvertrauen und dein Selbstbewusstsein gestärkt.
- (Praktische Wege dazu werden wir im zweiten Teil finden.)

- *Verantwortung*, *Ursache und Wirkung* und *Wahrheit* stehen unmittelbar in Verbindung und können somit einen erheblichen Beitrag zu einem erfüllten Leben leisten.

- Um Lösungen zu finden, musst du dich im ersten Schritt ausschließlich auf das gewünschte Endergebnis konzentrieren und nicht auf den Weg dahin.

Die Prägung

Ein Ausruf den man hört: «*Ich bin eben so!*» Vor allem, wenn in einer Diskussion mit normalen, sachlichen Argumenten nichts mehr geht. Aber auch ohne Diskussion kommt der eine oder andere oftmals an diesen Punkt. Aber stimmt das wirklich und wenn ja, hatten bzw. haben wir eine Chance?

Wie war das denn damals? Als wir auf die Welt kamen, schlüpften wir aus einem warmen Schoß, der uns 9 Monate mit allem Notwendigen versorgt hatte. Schlüpfen ist wahrscheinlich das falsche Wort (und ich als Mann kann es sowieso nicht nachvollziehen), unter enormen Kraftaufwand heraus gepresst werden, trifft es sicher besser. Dann hält man uns kopfüber in die Luft und wir erhalten in dieser denkbar unwürdigen Position den ersten Klaps unseres Lebens. Anschließend wollen wir instinktiv zum warmen Mutterleib, doch wir werden erst einmal gewaschen, gewogen und vermessen. Wir erhalten eine ärztliche Untersuchung und im schlimmsten Fall sogar unseren ersten Piecks. Sobald wir dann die Welt krabbelnd entdecken können, bemerken wir plötzlich die Hektik in unserem Umfeld, weil Salamischeiben ja scheinbar nicht in den DVD- Player gehören und Vasen nicht aus Plastik und auch gar nicht so standfest sind, wie es auf den ersten Blick erscheint. Gerade in dieser Zeit hören wir immer wieder: «*Nein, das darfst du nicht!*» oder «*Nein, das macht man nicht!*». Etwas später kommen dann noch folgende Sätze dazu: «*Pass auf, das ist gefährlich!*» oder «*Sei bloß vorsichtig!*». Im Supermarkt beggnen wir den ganzen Leckereien, die uns Mama manchmal gibt, wenn es nicht so stressig ist. Doch gerade jetzt heißt es: «*NEIN, das gibt es jetzt nicht!* ». Bei dem Versuch sich durchzusetzen, wird uns fast der Arm abgerissen. Vor der erschreckenden Frau, die uns dabei mit so viel Wut und so wenig Selbstbeherrschung anzischt (ist DAS noch unsere Mama?) kann man richtig

Angst bekommen. Wir erschrecken uns und beginnen lauthals zu weinen. Das bringt die erschreckende Frau (immer noch Mama?!) jedoch nur noch mehr dazu, an uns zu zerren und auch das Zischen in der Stimme bekommt einen merkwürdigen Klang. Wir entschließen uns daher, für dieses EINE MAL nachzugeben (leider wird es bei diesem EINEN MAL nicht bleiben oder?).

Nachdem wir uns die ersten 7 Jahre durchgekämpft haben, beginnt die Schulzeit. Sicherlich werden viele das Kind aus der Fernsehsendung kennen, welches mit diesem ängstlichen Blick zu seiner Mama ins Auto schaut. Diese Mutter sagt daraufhin: «*Das schaffst du schon Anna!*». Ist das so? Ja, in den ersten 2 bis 3 Jahren sieht es richtig gut aus. Dann scheinen sich die Lehrer jedoch abzusprechen und die VIER Mathe-Aufgaben, die richtig sind, wiegen viel weniger als die EINE, die FALSCH war. Das ist doch *paradox* (zu dem Zeitpunkt kenne ich dieses Wort zwar noch nicht, aber es fühlt sich so an). Im Deutsch-Unterricht passiert das Gleiche. Die 100 richtigen Wörter müssen mit den 7 falschen konkurrieren UND - VERLIEREN. Früher hat mir diese rote Farbe so gut gefallen, doch so allmählich beginne ich sie zu hassen. Im Englisch-Unterricht müssen wir jetzt auch noch vor der ganzen Klasse in dieser neuen Sprache sprechen und immer häufiger kommt es vor, dass dabei gelacht oder getuschelt wird. Auch zu Hause hören wir immer öfter: «*Dass du aber auch nie etwas richtig machen kannst!* »; «*Wieso hast du denn so einen dummen Fehler gemacht?*»; «*So bringst du es nie zu etwas!*».

Irgendwie hangeln wir uns bis zur zehnten Klasse; trotz Mobbing, trotz den Lehrern, die uns überhaupt nicht leiden können und trotz den ganzen Blödeleien über die Klamottenauswahl oder den Typen die uns immer aufgelauert haben und die viel stärker waren als wir. Die Frage, auf welche Uni es gehen soll, stellt sich gar nicht erst, denn nochmals 6 oder 7 Jahre die Schulbank drücken? NEIN DANKE.

Zu diesem Zeitpunkt haben wir bereits 15 bis 17-mal häufiger ein NEIN als ein JA gehört.

Doch jetzt sind wir junge Erwachsene und alles wird besser. Schließlich wollten wir das Ziel (18 zu werden), wie kein anderes erreichen. Nun können wir endlich alles machen, was wir früher nicht durften. Doch was war dieses „alles machen" nochmal gewesen? Wir wissen es nicht und beginnen zu suchen. Wir schalten das Radio ein und hören schon frühmorgens, dass der Wasserpfennig (bitte einfach nach Wasserpfennig googlen, wenn du es nicht kennst) kommen soll, die Benzinpreise wieder gestiegen sind, wir in einer Wirtschaftskrise stecken, Griechenland, Irland, Spanien und Italien die Euro-Vorgaben nicht einhalten können und dringend Unterstützung benötigen und dass sogar die große weite USA vollkommen überschuldet ist. Am Arbeitsplatz begegnen wir dann unseren Mitmenschen, die genau die gleichen Nachrichten gehört haben. Wie könnte da der Gesprächsstoff wohl aussehen?

Nach der Arbeit noch ein Absacker. Jetzt sind wir unter Freunden. Da kann man doch mal so richtig „vom Stapel lassen". Es geht um den Chef, der sich doch tatsächlich schon wieder einen neuen Mercedes gekauft hat. Um den Arbeitskollegen, der den ganzen Tag versucht, fröhliche Laune mit seinen blöden Witzen zu verbreiten und jetzt soll die Arbeit von Kollege Günter auch noch auf alle aufgeteilt werden. Denn Kollege Günter geht in den Ruhestand und so kann die Chefetage sein Gehalt für die Monatsrate des Mercedes einsparen. Daher wird kein neuer Kollege eingestellt. Merkwürdig ist, dass es den Freunden ähnlich geht, doch sicherlich kann man deren Geschichten morgen noch toppen (mit Sicherheit sogar).

Jetzt erst einmal nach Hause, schön zu Abend essen, duschen und dann ab auf die Couch. Wundervoll, diese riesige Senderauswahl auf dem 80 Zoll FLAT Screen Fernseher unterstützt vom Klang der Dolby Surround Anlage (Gesamtwert übrigens 2.500 €, als Kleinkredit versteht sich). Nach diesem anstrengenden Tag will man nur noch abschalten, vielleicht mit „schwer verliebt", „Bauer sucht Frau", „Frauentausch", „Die 25 spektakulärsten Supertalent Momente", „Germanys Next Top Model". Während ich das geeignete Programm für mich suche, peitscht mir der Werbe-Spruch „Weihnachten wird unterm Baum entschieden" eines bekannten Elektronikmarktes entgegen. *«Ja bin ich denn blöd!»* Es muss doch ein anspruchsvolleres Programm geben, also weiter suchen: „The Voice", „X-Faktor", „GZSZ", „X-Diaries", „Die Kochprofis", „Stromberg", „DSDS", „Wer wird Millionär" oder doch lieber mal schauen was im Internet los ist bei „WKW", „Facebook", „Twitter", „StudiVZ", „StayFriends", „Die Lokalisten", „LinkedID", „SeeYouOnline". Um ca. 23:00 Uhr dann endlich ins Bett, um für den nächsten Tag fit zu sein.

STOP!

Sicher werden einige sagen: *«Das ist aber ziemlich übertrieben dargestellt.»* Und wieder andere werden erschrocken sagen: *«Hoppla, dass bin ja ich!»*. Doch kommen wir noch einmal zur Ausgangs-Aussage zurück:

«Ich bin eben so!»

Nein, du bist so – **geworden -** ! In den Jahren des Erwachsenwerdens haben die Meisten keine Chance, sich der Prägung durch Eltern und Umfeld zu entziehen. Anschließend leben wir meistens das Leben weiter, welches wir gewohnt sind und wie wir geprägt wurden.

Nehmen wir einen Vergleich zur Hilfe, um die Prägung zu verdeutlichen. Stell dir vor, ein Mensch wäre ein Fass. Zum Beispiel eines, wie es zur Wein-Herstellung eingesetzt wird. Anfangs ist das Fass leer. Über dem Fass befinden sich mehrere Wasserhähne. Zuerst wird das Fass von einem Hahn gefüllt (Erziehung). Später kommen dann weitere Hähne dazu (Schule, Hobby, Freunde). Mit dem Erwachsenenleben drehen viele den Hahn Schule, der symbolisch für die Fortbildung steht, ab und ersetzen ihn durch andere (Arbeit, Medien, Partnerschaft). Mit 25 bis 30 Jahren ist das Fass voll, ja es läuft sogar über.

Nun schauen wir uns erst einmal die Qualität des Wassers an, das ständig aus den Hähnen fließt. Lass uns eine ganz einfache Unterteilung vornehmen. Es gibt gutes, mineralhaltiges, frisches Wasser (positiv) und abgestandenes, übelriechendes, trübes Wasser (negativ).

Wagen wir einen Blick in unser Fass. Die Summe der Einflüsse steht letztendlich für die Qualität des Wassers in deinem Fass. Denke nun einmal über dich selber nach. Welche Gefühle kommen in dir hoch?

Denke an...
- ...deine Kindheit
- ...deine Schulzeit
- ...deine damaligen Freundschaften
- ...deine Hobbies
- ...deine Ausbildung

Sind die Gefühle und Erfahrungen, die du damit verbindest eher positiv oder negativ?
Betrachte nun die aktuellen Bereiche:
- deinen Beruf
- deine aktuellen Freundschaften
- deinen Partner

Die Betrachtung dieser 3 Bereiche kann zusätzlich zu positiv und negativ auch noch mit einer täglichen Dauer in Stunden versehen werden. Stell dir vor, du übst einen Job aus, der dir absolut keine Freude macht und du verbringst mit dieser Aufgabe 8 bis 9 Stunden am Tag. Dann wird dies wahrscheinlich viel stärker auf dich einwirken, als eine Freundschaft, die du momentan eher als Verpflichtung ansiehst und der du jedoch nur einmal pro Woche 1 bis 2 Stunden Zeit einräumst, richtig?

Der Bereich Medienkonsum wird vielfach unterschätzt. Bei einem Chat im Internet vergeht die Zeit wie ein Fingerschnippen und was sich emotional dabei alles abspielt, ist nicht in Worte zu fassen. Die Flut der Informationen aus Radio, Fernsehen und Zeitschriften ist immens und frag dich bitte einmal ernsthaft, von welcher Qualität diese Informationen sind. Welche Art von Berichterstattung verkauft sich heutzutage sehr gut? Positive oder negative?

Da über 90 % der ausgestrahlten Informationen negativer Natur sind, reicht es vollkommen aus, wenn du dir hier für dich einmal die tägliche Nutzung dieser Medien notierst.

Mein Medienkonsum (Radio, Fernsehen, Internet, Zeitschriften) beträgt ____ Stunden.

Wie sieht der Inhalt in deinem Fass aus? Zum Beispiel: Du hast einen Beruf, der dir keinen Spaß macht (8 Std tgl.) und lässt abends den Tag mit Fernsehen (2 – 3 Std.) ausklingen? Jeden Tag läuft ca. 10 Stunden lang abgestandenes, übelriechendes, trübes Wasser in dein Fass. Die Informationen des Tages nimmst du mit in deinen Schlaf. Da die Natur der Informationen zum Großteil negativ ist, kannst du das mit einem tropfenden Wasserhahn vergleichen, der dich auch in der Nacht mit abgestandenem, übelriechenden, trüben Wasser weiter versorgt (oder woher kommen die Schlafstörungen, die innere Unruhe, die Migräne, das Schwitzen, die Angstzustände usw.?).

«*Ich bin eben so geworden…*».
Ja aber, soll das auch so bleiben!?

Doch schauen wir uns vorher einmal an, was es aus uns macht bzw. wie es uns beeinflusst. Der innere Dialog gibt Aufschluß darüber.

Gedanken und Fragen zur Vertiefung

- Werden wir durch unsere Eindrücke geprägt?

- Bestimmt unsere Prägung, wie wir die Welt sehen und empfinden?

- Führe für dich einmal eine Selbstanalyse durch. Liste dazu für einen Tag die positiven und die negativen Erlebnisse auf, die dir einfallen. Versuche anschließend das gleiche mit dem Vortag. Wenn du eine Woche geschafft hast, zieh ein Resümee und addiere jeweils die negativen und die positiven Erlebnisse. Was kann dir das Ergebnis sagen?

- Stell dir gedanklich einen absolut perfekten Tag vor. Was würdest du gerne tun? Wer würdest du gerne sein? Was würdest du gerne besitzen?

- Die vorangegangene Übung wird sich am Anfang etwas beschwerlich anfühlen. Warum ist das so?

Der innere Dialog

Der innere Dialog findet ständig statt. Bewusst oder unbewusst, wenn du wach bist oder schläfst. Bei allem was du sagst, tust oder planst, stellst du dir fortwährend selbst Fragen...

- Kann ich das?
- Schaffe ich das?
- Will ich das?
- Bin ich dafür gut genug?
- Habe ich das verdient?

Und über 90% dieser Fragen werden von dir auch sofort automatisch beantwortet. «*Wieso automatisch?*», könntest du fragen. Die Antwort hierauf ist relativ einfach. Uns gehen tgl. über 40.000 Gedanken durch den Kopf. Von dieser Vielzahl an Gedanken schafft unser Bewusstsein ca. 2000 Stück pro Tag. Der Rest wird automatisch vom Unterbewusstsein übernommen.

Nehmen wir als Beispiel das Autofahren (sofern du keinen Autoführerschein hast, passt das Beispiel auch auf Fahrrad fahren oder Klavier spielen, nur ohne Kupplung treten und rückwärts einparken). Anfangs mussten wir uns enorm anstrengen und konzentrieren, um die Koordination zwischen Kupplung loslassen und Gas geben richtig abzustimmen und den Motor nicht abzuwürgen. Als wir dies dann besser konnten, mussten wir am Berg anfahren oder rückwärts in eine Parklücke manövrieren usw. Nach 1 bis 2 Jahren wird ein Autofahrer die Erfahrung machen, dass er plötzlich zu Hause (oder an einem anderen Ziel) ist, ohne sich an die Fahrt erinnern zu können und das obwohl es noch keinen PKW mit Autopilot gibt. Und doch gibt es ihn, den Autopiloten. Er nennt sich „Unterbewusstsein". Der Vorgang ist einfach. Alles, was wir immer und immer wieder tun, dringt schließlich vom Bewusstsein ins Unterbewusstsein und schafft so im Gehirn Platz für neue Herausforderungen.

Wie läuft also der innere Dialog ab? Die Frage ist berechtigt und sogar sehr spannend, denn jeder wird für sich aufgrund seiner Prägungen andere Antworten finden. Stelle dir vor, jemand möchte sich ein Haus kaufen.

Nehmen wir einen destruktiven, ängstlichen Menschen mit geringem Selbstvertrauen:
- *«Wenn ich arbeitslos werde, kann ich vielleicht die Raten nicht mehr bezahlen.»*
- *«Geht die Heizung kaputt, kann ich nicht mehr den Vermieter anrufen, sondern muss mich selber darum kümmern.»*
- *«Trenne ich mich von meinem Partner, habe ich neben der Trennung auch noch das Haus an der Backe.»*
- *«Entwickeln sich die Zinsen in den nächsten Jahren ungünstig, steigt die Belastung sogar noch, sobald die Zinsfestschreibung ausläuft.»*

Nehmen wir nun einen optimistischen Menschen mit ausgeprägtem Selbstvertrauen:
- *«Ich kann mir neue Freiräume schaffen und bin mein eigener Herr.»*
- *«Ich kann die Räume endlich so gestalten, wie ich das will und muss keinen Vermieter mehr fragen.»*

- *«Wenn mir das Badezimmer nicht mehr gefällt, reiße ich es ab und gestalte es neu.»*

Die Basis dieser Antworten wird, wie könnte es anders sein, von unserer Prägung bestimmt. Sicher kennst du den Satz: „Ein Mensch ist die Summe seiner Gedanken." Noch deutlicher wird es vielleicht, wenn du den Satz einmal umgestaltest „Ein Mensch ist die Summe seiner Erfahrungen und Wahrheiten".

Stelle dir vor, dass in jedem Menschen von Geburt an zwei Konten angelegt werden. Ein Konto für positive Erlebnisse und Erfahrungen und ein Konto für negative Erlebnisse und Erfahrungen. Auf diesen Konten sammelst du dein Leben lang Erlebnisse und Erfahrungen in Form von Gefühlen an. Unser Unterbewusstsein leitet uns mittels Intuition, basierend auf unserem Kontensystem. Tritt jetzt eine Entscheidung an uns heran (beispielsweise: «Soll ich ein Haus kaufen?»), werden die Konten durchgesehen. (Viele positive Erlebnisse mit dem Partner = starke Beziehung; im Beruf läuft es spitze = Sicherheit; ich war noch nie lange arbeitslos = Selbstbewusst; großer Freundeskreis = Unterstützung). Die Intention des Unterbewusstseins wird hier höchst wahrscheinlich ein gutes Bauchgefühl vermitteln.

Dieses einfache Beispiel zeigt uns jedoch noch etwas ganz Entscheidendes. Erfahrungen, die wir in der Vergangenheit angesammelt haben, bestimmen die Entscheidungen der Gegenwart. Die Entscheidungen der Gegenwart bestimmen anschließend die Erfahrungen und Erlebnisse der Zukunft. Für viele Menschen ist dies der Teufelskreis zu einem Leben in Angst, Krankheit und Armut. Der Autopilot Unterbewusstsein ist ein wunderbarer Helfer, wenn unser positives Konto prall gefüllt ist und wir von Selbstvertrauen erfüllt sind, andernfalls ist er jedoch ein Hemmschuh. Den man ablegen muss und auch kann.

Hast du hieran Zweifel, dann denk bitte einmal über folgendes nach: Über 90 % aller Menschen verdienen genauso viel, wie die restlichen 10 %.

Bitte verzeih, dass ich für diesen Vergleich den Verdienst heranziehe. Doch ist das Einkommen eines Menschen eine messbare Einheit. Desweiteren wirst du feststellen, dass ein Mensch mit einem hohen Einkommen über ein weitaus höheres Selbstvertrauen (Summe positiver Erlebnisse und Erfahrungen) verfügt, wie ein Mensch mit einem niedrigen Einkommen.

Na klasse, wirst du jetzt sagen, wie soll ich denn bei meiner Kindheit überhaupt etwas verändern können?

Du hast sehr viele Möglichkeiten, doch sind die beiden Kapitel „Prägung" und „der innere Dialog" besonders wichtig, damit du bei dir überhaupt einmal die Probleme entdecken kannst. Damit du ein Problem angehen kannst, musst du es doch erst einmal kennen, richtig? Und wenn du nicht weißt, wer dein größter Kritiker ist, kannst du ihn dir nicht zum Freund machen.

Wir haben gesehen, dass es tatsächlich Bereiche in unserem Leben gibt, die wir nicht mehr ändern können. Wir können die Uhr nunmal nicht zurück drehen. Jedoch gibt es eine Menge Menschen, die mit der Bedeutung Vergangenheit nicht umgehen können.

Es ist *Vergangen*-heit.

Und doch hört man immer wieder:

- „Ja, aber meine Eltern hätten dies..."
- „Ja, aber meine Eltern haben das...."
- „Wenn ich doch nur die Chance genutzt hätte , dann..."

Mit dieser Sichtweise kannst du nicht gewinnen. NIEMALS!

Vielleicht hast du ja selbst Kinder oder du kennst jemanden in deinem Umfeld, der Kinder hat. Glaubst du, dass ein Kind immer die Entscheidungen der Eltern versteht und gutheißt? Als Vater oder Mutter musst du täglich sehr viele Entscheidungen für dein Kind treffen. Einige davon sind gut, andere stellen sich im Nachhinein als weniger gut heraus. Als Vater oder Mutter hast du jedoch immer (ich gehe von einem gesunden Menschenverstand aus) das Wohl deines Kindes vor Augen[2]. Wenn du das für dich akzeptieren kannst, dann hör auf über deine Vergangenheit zu urteilen und sei dankbar. Nun kann etwas wirklich Wunderbares eintreten. Du kannst zwar die Uhr nicht zurück drehen, doch du kannst das Gefühl zu dieser Zeit von Grund auf verändern. Wie wird sich das auf dein Fass auswirken? Wie wird sich das auf dein Kontensystem auswirken?

Eigentlich ist der Wasserhahn Kindheit ja zugedreht, denn du bist ja nun erwachsen. Doch wie das mit Wasserhähnen so ist, schließen sie nicht immer ganz und so tropft auch der Wasserhahn Kindheit über Jahrzehnte hinweg kräftig nach. Veränderst du jedoch das Gefühl, das du zu dieser Zeit hast, so verändert sich auch die Qualität des Wassers und jedes Mal, wenn du jetzt an deine Kindheit denkst, wird gutes, mineralhaltiges, frisches Wasser in dein Fass tropfen. Manchmal schleicht sich sogar etwas Dankbarkeit oder Vergebung mit ein. Das ist gar nicht so schlimm, lass es ruhig zu, vielleicht findest du heraus, dass es dir gut tut. (Danke Sigrun ☺).

---

[2] Ich möchte mich bei allen unter euch, die extreme Situationen in der Kindheit erlebt haben, von ganzem Herzen für diesen Satz entschuldigen. Doch versichere ich euch, es gibt kompetente Menschen, die euch mit viel Liebe und Erfahrung helfen wollen.

Genauso verhält es sich mit deinem Kontensystem. Krame einmal in der Buchhaltung deines negativen Kontos nach einem Erlebnis, welches ziemlich weit nach hinten gerutscht ist und versuche es einmal mit deinen erwachsenen Augen zu betrachten. Schon oft hat sich dadurch mehr als ein Knoten gelöst und anschließend konnte das positive Konto einen neuen Eintrag verbuchen.

Dann gibt es jene, die man sagen hört:

- „Wenn ich doch nur…."
- „Hätte ich doch nur…."

Auch für diese Personen wiederhole ich es gerne noch einmal:

Es ist *Vergangen*-heit. Mit dieser Sichtweise kannst du nicht gewinnen. NIEMALS!

Du boykottierst deine Entscheidungen in einem ganz erheblichen Ausmaß und bist dir darüber noch nicht einmal bewusst. Eine Entscheidung, die zum damaligen Zeitpunkt vielleicht sogar zu einem positiven Eintrag auf deinem Kontensystem geführt hat, BUCHST DU FÖRMLICH UM!

Nehmen wir an, du möchtest dir einen neuen Fernseher kaufen. Der alte ist jetzt schon fast 20 Jahre alt und hat dir gute Dienste geleistet. Da du etwas gespart hast und der alte Fernseher dir so treue Dienste geleistet hat, suchst du dir eine GUTE Marke aus. Zwar kostet diese 100 – 200 Euro mehr, doch du willst wieder lange Freude an dem Gerät haben. Das Gerät wird geliefert und hat ein tolles Bild. Deine Freunde kommen vorbei und natürlich bemerkt jeder, dass die alte Flimmerkiste jetzt durch ein hochmodernes Markengerät ausgetauscht wurde und über Geld spricht man ja bekanntlich nicht. Einen Monat später versagt dein Auto frühmorgens den Dienst. Die Werkstatt macht einen Kostenvoranschlag, der sich gewaschen hat. Soviel hast du jetzt im Moment nicht flüssig, denn …

Genau jetzt solltest du sofort aufhören darüber nachzudenken, denn jetzt beginnt die Umbuchung.

Ich zeige dir im weiteren Verlauf des Buches, wie du bewusster mit deinem Denken umgehen kannst und dadurch viele Fallen vermeiden kannst. Zum jetzigen Zeitpunkt liegt das Ziel darin, dich darauf aufmerksam zu machen, was du für enorme Kontobewegungen mit solchen Gedanken auslöst. Wie können uns jedoch solche Kontenbewegungen schaden? Es sind doch nur Gedanken oder steckt eventuell noch mehr dahinter? Betrachten wir das im folgenden Kapitel etwas genauer.

Gedanken und Fragen zur Vertiefung

➲ Wie nennt sich unser Autopilot?

➲ Das Unterbewusstsein hilft uns, Erlerntes immer wieder abzurufen. Es trifft keine eigene Entscheidung darüber, ob das Erlernte gut oder schlecht für uns ist.

➲ Unser Unterbewusstsein kommuniziert mit uns mittels Intuition. Wir nennen es auch „Bauchgefühl". Welchem inneren Dialog wird ein destruktiv geprägter Mensch bei einer wichtigen Entscheidung ausgeliefert sein?

➲ Dein Tagesbewusstsein ist der Herrscher über dein Unterbewusstsein. Verstärke abends die positiven Erlebnisse des Tages, indem du sie niederschreibst. Somit übergibst du deinem Unterbewusstsein vermehrt Positives zur Prägung und deine letzten Gedanken des Tages sind positiv.

➲ Du musst eine Entscheidung treffen, fühlst dich dazu jedoch nicht in der Lage. Dann denke an ein Vorbild. Wie würde dein Vorbild in dieser Situation handeln? Oftmals ist es hilfreich, einen Umstand aus der Sicht einer anderen Person zu betrachten.

Gedanken sind Energie

Positive Gedanken und Positive Energie sind Formulierungen, auf die wir immer wieder stoßen. Mittlerweile ist es sogar wissenschaftlich erwiesen, dass Gedanken über eine Frequenz oder Schwingung verfügen und wie alles im Universum aus Atomen bzw. Elementarteilchen bestehen. Haben wir diese Feststellung einmal bewusst und in vollem Umfang nachvollzogen, verstehen wir, wie sträflich es ist, negativen Gedanken nachzugehen. Da nach dem Gesetz der Anziehung Gleiches von Gleichem angezogen wird, können wir eindeutig ableiten, dass Gedanken über eine schöpferische Energie verfügen oder besser ausgedrückt – Gedanken sind Energie.

Du merkst sicher, dass die vorangegangenen Kapitel nun nicht mehr einzeln oder für sich alleine stehen, sondern in Verbindung mit diesem Kapitel den Kreis schließen. Lass uns dies der Reihe nach betrachten. Wir erschaffen uns gedanklich eine Wahrheit, nach der wir leben wollen. Unsere Verantwortung darüber, wie wir die Dinge sehen und handhaben, ist der Filter, nach dem wir handeln. Wie stark eine Wahrheit werden soll, hängt von der Aufmerksamkeit bzw. der Prägung (Summe der Wiederholungen) ab, welche die Wahrheit erhält. Zum besseren Verständnis stellen wir uns vor, dass diese Information, einer Schublade gleich, in einer oder mehreren Gehirnzellen bzw. Körperzellen abgelegt wird. Diese Gehirnzellen bzw. Körperzellen bestimmen zukünftig unseren inneren Dialog. Die Energie der Wahrheit wurde somit von uns absorbiert und ist zu Fleisch geworden. Ihre Frequenz, ihre Schwingung bestimmt, wie wir auf Ereignisse reagieren und gemäß dem Gesetz der Anziehung sogar, welche Ereignisse wir in unserem Leben wahrnehmen.[3]

---

[3] Dieses Beispiel soll dir helfen, dem energetischen Vorgang mehr Beachtung zu schenken, damit du bewusster mit deinen Gedanken umgehst.

Ich drücke es einmal etwas einfacher aus. ALLES im Universum besteht aus Energie. Ein Tisch oder ein Stuhl zum Beispiel besteht aus Energie. Deine Gedanken und Emotionen bestehen ebenfalls aus Energie. Im Vorangegangenen konnten wir feststellen, dass gemäß dem Gesetz der Anziehung Gleiches Gleiches anzieht und Energien somit eine magnetische Wirkung zuzuschreiben ist. Du kannst nun erkennen, dass Redewendungen wie – auf gleicher Wellenlänge sein – oder – bei den beiden stimmt einfach die Chemie – durchaus ihre Berechtigung haben.

Sofern du heute noch nicht deinem Ideal entsprichst, solltest du dir nun keine Sorgen deswegen machen. Die Fachliteratur ist sich zwar uneinig darüber, ob es 7 Jahre oder 12 Monate dauert, bis sich unser Körper bzw. unsere Körperzellen, die wir mit all den negativen Prägungen geimpft und befrachtet haben, erneuert hat. Dass sich unser Körper jedoch immer wieder erneuert und regeneriert, steht außer Frage und darin liegt für uns eine große Chance.

Stell dir einmal vor, dass innerhalb einer Sekunde 10.000 Körperzellen absterben und logischerweise 10.000 neue, gesunde Zellen wieder hergestellt werden. Dann haben wir jederzeit die Möglichkeit, diesen neuen Körperzellen ein neues Bild von uns zu übermitteln. Wir impfen (prägen) sie sozusagen. Je öfter wir dies tun, umso weiter nähern wir uns unserem neuen Ideal an und senden somit künftig wortwörtlich auf einer anderen Frequenz. Anfangs ist dieser Vorgang für uns kaum wahrnehmbar. Daher rate ich dir, ein Tagebuch zu führen, in welchem du die positiven Aspekte deines Tages niederschreibst.

Solltest du dich fragen, warum ich dich anhalte, nur die positiven Ereignisse zu notieren, so ist dies leicht erklärt. Von all dem, was wir uns am meisten wünschen, steht Harmonie und Liebe an oberster Stelle. Um dies zu erreichen, müssen wir fortwährend unseren Gehirn-Muskel trainieren, positive Situationen und Ereignisse aufzunehmen und zu verstärken. Unsere Umwelt fördert im Alltag der Menschen jedoch eher das Gegenteil. Schadenfreude und Sensationslust finden sich eher als Großzügigkeit oder Dankbarkeit. Daher ist es unerlässlich, ein Management positiver Erinnerungen aufzubauen und zu pflegen.

Gerade in Momenten, in denen wir uns niedergeschlagen und depressiv fühlen, ist es absolut wichtig, diese Augenblicke so schnell wie möglich wieder zu verlassen, um diesen negativen Energiefluss möglichst gering zu halten. Sicher wirst du mir zustimmen, dass es uns gerade in solchen Momenten sehr schwer fällt, positive Gedanken herbei zu rufen. Hast du jedoch dein Tagebuch mit deinen positiven Situationen und Ereignissen zur Hand, kannst du wie in einem alten Fotoalbum darin schwelgen. Deine gedankliche Energie kann sich um ein Vielfaches schneller zum Positiven wandeln.

Gehen wir einen Schritt weiter und betrachten die Aussage „ein Gedanke ist bereits die Ur-Sache". Lange Zeit habe ich den Kern dieser Aussage nicht verstanden. Letztendlich verhalf mir die Übung des Rückwärtsdenkens dazu, den Inhalt dieser Aussage besser zu verstehen.

Wie geht das Rückwärtsdenken? Wir empfangen mit unseren Sinnen oftmals nur das Augenscheinliche, das Fertige und sind erstaunt oder überwältigt und fragen uns, wie so etwas nur möglich ist. Aus eigener Erfahrung weiß ich jedoch, dass diese Frage zu 99 % rhetorischer Natur ist und wir nicht wirklich nachfragen. Dabei macht das Rückwärtsdenken enorm viel Spaß. Oftmals fühle ich mich dabei wie ein Nachfahre Sherlock Holmes und versuche, den Dingen im Geiste auf den Grund zu gehen. Nehmen wir ein Beispiel zur Hand. Wir alle kennen Smartphones. Diese Dinger, auf deren Bildschirm man mit dem Finger herum tippt. Millionen von Menschen haben den Umgang damit gelernt und hören auf dem Weg zur Arbeit ihre Musik, lesen Nachrichten im Internet, spielen auf Apps, die man kostenlos oder für wenige Euros an Ort und Stelle herunterladen kann oder nehmen eine lustige Szene per Video auf und laden es anschließend direkt zu einem Videoportal hoch und zeigen es der ganzen Welt. Telefongesellschaften haben neue spezielle_ Tarife geschaffen und ihre Mitarbeiter mussten darin_geschult werden. Neue Vertriebswege mussten gefunden und ausgebaut werden. Werbeagenturen mussten die passende Verpackung erfinden, die sich erheblich vom restlichen Markt abhebt. Ebenso musste Radio- und Fernsehen-Werbung ein ganz neues Bedürfnis wecken. Hinzu kam, dass diese Smartphones scheinbar gar keine Antenne mehr haben und zwar größer als bisherige Mobiltelefone, meistens jedoch auch wesentlich flacher sind und die Bedienung hauptsächlich dadurch stattfindet, dass man mit dem Finger auf den Bildschirm tippt oder darüber streicht. Die Tastatur ist bis auf wenige Knöpfe (EIN/AUS oder lauter/leise) vollständig weggefallen. Die Industrie wurde gefordert, solche intelligenten Bildschirme zu entwickeln. Eigentlich mussten fast alle Bauteile (Akku, Lüftung, Lautsprecher etc.) ein völlig neues Design bekommen, denn auch der Speicher für Musik, Video oder Bilder sollte von nun an auf 8, 16 oder sogar 32 GB anwachsen und somit die Chip-Karten ablösen.

Sicher kann man noch weiter zurückdenken. Allerdings meine ich, wir haben Steve Jobs mit diesen Gedanken genügend geehrt. Nun stell dir seinen damaligen Drang und seine Ideen vor. Er lebte in einer Welt, in der Handys immer kleiner wurden. Man konnte mit ihnen telefonieren, Musik hören, Bilder und Videos aufnehmen und zu horrenden Preisen sogar ins Internet. Die Qualität der einzelnen Komponenten war mittelmäßig und genügte ihm überhaupt nicht. Er hatte bereits bewiesen, dass man einen I-pod (Mp3 Player von Apple) per Gestik mit dem Finger steuern und sehr intuitiv bedienen konnte. Warum diese Idee nicht weiter ausbauen und ein Kommunikationsgerät daraus entwickeln? Eigentlich doch eine sehr naheliegende Idee, nicht wahr?

Hinter jedem Produkt, Ereignis oder Erlebnis steht, wenn du es einmal bis zu seinem Ursprung verfolgst, EIN GEDANKE. Versorge diesen Gedanken weiterhin mit Energie und Aufmerksamkeit. Er wird sich entfalten und gemäß seinem Ursprung (gut, schlecht, kreativ, erfolgversprechend, zerstörerisch...) entwickeln und dir anschließend die Resonanz liefern. Im Fall von Steve Jobs und den Smartphones können wir sehr genau erkennen, dass der Gedanke die Sache ist (nämlich das wohl am meisten verkaufte Smartphone mit Namen „iPhone").

Diese Übung hilft uns in vielerlei Hinsicht. Es fördert unsere Vorstellungskraft, nimmt uns die Ehrfurcht (nicht den Respekt) vor großen Leistungen anderer, indem es uns aufzeigt, dass jeder fantastische Gedanken hat, die es wert sind, mit mehr Energie versorgt zu werden. Sie kann unser Selbstvertrauen fördern und uns Mut geben, beharrlicher zu sein und unseren Ideen und Intuitionen mehr Glauben und Zuversicht zu schenken.

Gedanken und Fragen zur Vertiefung

- ALLES IST ENERGIE!

- Wie lautet das Gesetz der Anziehung?

- Durch das Gesetz der Anziehung und mit dem Gesetz des Wachstums können wir erkennen, wie schöpferisch und doch oftmals unbemerkt unsere Gedanken sich vermehren und uns genau mit dem beliefern, womit wir sie im Vorfeld beauftragt haben.

- Unser Körper unterliegt, wie alles im Universum, dem fortwährenden Wandel. Wandel bedeutet, etwas vergeht und etwas entsteht. Warum liegt hierin für uns eine so unglaublich große Chance?

- Große Erfolge haben alle mit EINEM Gedanken begonnen, der unentwegt mit Energie versorgt wurde und sich somit unweigerlich verwirklichen musste.

- Der Gedanke an eine Sache, IST die Sache!

Worte, der sprachliche Ausdruck

Unseren Körper bedecken wir mit Kleidung. Dabei spielt der Anlass oder das Wohlbefinden eine entscheidende Rolle. Worte sind das Kleid unserer Gedanken und unsere Wortwahl verrät nicht nur unseren Bildungsstand, die soziale Herkunft oder regionale Ansässigkeit, sondern weit mehr. Worte verraten dir und deinem Gegenüber, welche Werte du lebst und welche Gedanken bei dir zu finden sind.

- Dafür bin ich zu blöd.
- Das kann ich nicht.
- Das schaffe ich nicht.
- Ich habe schon wieder versagt.
- Jeder andere kann das besser als ich.
- Das lerne ich jetzt auch nicht mehr.
- Ich fühle mich depressiv.
- Das ist ja schlimm.
- Ich muss das noch fertig machen.
- Das kann ich mir nicht leisten.
- Wie soll ich das denn bezahlen.
- Soviel Glück habe ich niemals.
- Auch ein blindes Huhn findet mal ein Korn.
- Von Beruf Sohn.
- Mit uns kann man's ja machen.
- Und letzten Endes zahlen wir wieder die Zeche.
- Das war schon nicht schlecht, aber...

Negative Formulierungen sind heutzutage sehr populär und bestimmen unseren Alltag. Sicher kannst du die Liste noch um ein Vielfaches verlängern. Was sagen uns die Medien? „Only bad news are good news" (nur schlechte Nachrichten sind gute Nachrichten) und so schleicht sich diese negative Ausdrucksweise in unseren eigenen Sprachgebrauch.

Betrachten wir Worte nun von einer ganz anderen Seite. Worte sind der schnellste, oftmals der erste und direkteste Weg, wie sich unsere Gedanken einen hörbaren? Ausdruck verschaffen. An der Qualität unserer Ausdrucksweise können wir auf einfache Weise die Qualität unseres Denkens erkennen. Darum sollten wir uns unseren Sprachgebrauch immer vergegenwärtigen. Mach dir bewusst, was du da von dir gibst, denn Worte sind der hörbare Teil deiner Gedanken. Gedanken, so haben wir im vorhergehenden Kapitel erfahren, sind Energie. Somit beinhalten unsere Worte diese Energie und tragen sie ins Universum hinaus. Jede Botschaft, die wir ins Universum schicken, erzeugt eine Resonanz. Wir haben in den Kapiteln „Wahrheit" und „Verantwortung" über Ursache und Wirkung gesprochen. Welche Auswirkung werde ich erwarten können, wenn ich schlecht von der Welt denke und rede; wenn ich destruktiv von mir und meinen Möglichkeiten spreche; wenn ich meinem Umfeld mit Sarkasmus und Ironie begegne? Sicher findest du hierauf nun schnell selbst eine Antwort.

Am besten verdeutlichen kann man die Macht der Sprache, wenn du dir eine motivierende Rede im Fernsehen anschaust. Zum Beispiel bei dem Film „Braveheart" mit Mel Gibson oder „Independence Day" mit Will Smith. Schaue dir hier die markantesten Szenen einmal mit und einmal ohne Ton an. Indem du auf deine Gefühle achtest, bemerkst du den Unterschied sofort. Während wir bei den Szenen mit Ton von der Situation mitgerissen werden, ist die gleiche Szene ohne Ton nur lustig oder gar unverständlich und im wahrsten Sinne des Wortes „nichtssagend".

Ein Wort macht Mut, es gibt uns Kraft und verleiht Selbstvertrauen. Es entscheidet über Sieg und Niederlage einer Situation. In lobenden Ansprachen wachsen wir sogar körperlich (dies ist wissenschaftlich erwiesen). Bei einem Satz, der auf Dankbarkeit und Liebe beruht, verschwinden Gedanken an Zeiten der Entbehrungen sofort. Mit einem Schlag sind wir wieder voller Energie und Ehrgeiz. Du weißt, das diese Definitionen keine hohlen Sprüche sind, sondern hundert prozentig der Wahrheit entsprechen, denn auf die ein oder andere Art und Weise haben wir in Situationen unseres Lebens die Macht der Worte selbst bereits kennen gelernt. Wie verhält es sich aber mit unserer eigenen Sorgfalt gegenüber unserer Ausdrucksweise? Geizen wir mit Worten des Lobes, der Liebe und des Wohlwollens und posaunen dafür im Gegenzug Kraftausdrücke und Opferformulierungen bei nahezu jeder passenden Gelegenheit hinaus?

«Weißt du, was mir heute wieder passiert ist? Ich fahre ganz normal die B(xy) entlang, als mir plötzlich diese dicke, fette Luxuskarosse bei 120 km/h die Vorfahrt nimmt!»

Wir lieben diese Art der Dramaturgie und vergessen dabei vollständig zu fragen, welchen Nutzen eine solche Information für unser Umfeld bereithält.

Es bedarf keiner großartigen wissenschaftlichen Analyse, ob die Aussage „Man erntet was man sät." in unserem technischen Kommunikationszeitalter an Bedeutung verloren hat. Selbst bei all den vielen Arten der Kommunikationsmöglichkeiten steht eine Aussage ganz klar im Vordergrund: „Am Anfang war das Wort!". Vielmehr ist es ungemein wichtig, dass wir neben all den Smileys und Avataren, die wir heutzutage einsetzen können, unsere Aussagen IMMER als eine Ware ansehen. Eine Ware, die wir produzieren und herstellen. Eine Ware, die wir vertreiben, ja sogar vermarkten. Denn wir bestimmen, wie kostbar unsere Aussagen sind und wie viel Wohlstand durch sie wieder zu uns zurück fließt.

Ich werde dir im zweiten Teil des Buches einfache Übungen mit enormer, sofortiger Wirkung aufzeigen. Du wirst mehr als erstaunt sein, aber schau ruhig selbst...

Gedanken und Fragen zur Vertiefung

- Was gibt unsere Wortwahl über uns preis?

- Welche Macht haben Worte?

- Welche Wahrheiten vertreiben die Medien?

- Ein Gedanke wird als Wort hörbar. Rede und denke daher NIEMALS schlecht von dir oder anderen. Das Prinzip der Resonanz wird in dem Gebrauch von Worten noch deutlicher.

- Worte stellen die Ware dar, die ich der Welt anbiete. Überlege von welcher Qualität deine Ware heute ist oder war!

Teil 2

Einleitung zum Übungsteil

Mit dem geballten Wissen der vorangegangenen Kapitel können wir endlich aktiv einsteigen und durch praktische Anwendungen unser Leben und unsere Wahrheit verändern.

Sicher wirst du dich fragen, warum die Ausführungen in den Kapiteln aus Teil 1 einen eher negativen oder destruktiven Charakter haben und ich nicht dem Pfad vieler gleichgesinnter Bücher gefolgt bin und mich lediglich auf die positiven Ausprägungen konzentriert habe. Die Antwort auf diese Frage ist offensichtlich. Ein Großteil der Menschen lebt absolut kein Leben in Liebe, Harmonie, Sicherheit und Fülle und das, obwohl es tonnenweise Ratgeber über eben diese Themen gibt. Scheinbar gibt es, wie bei den liebgewonnenen Diäten, die wir jeden Frühling absolvieren, auch in unserem geistigen Haushalt ein ständig wiederkehrendes Ungleichgewicht. Mir sind die Sätze: «Du musst nur eine Kerze anzünden, um die Dunkelheit zu vertreiben.» auf Dauer einfach zu platt gewesen und es blieb immer die Frage: «Wo kam diese Dunkelheit denn nun schon wieder her?». Es erschien mir wichtiger, auf diese Frage eine Antwort zu finden und zwar bevor mir die Kerzen ausgehen konnten.

Ziele finden

Dies ist die wohl schwierigste Aufgabe! Würdest du mir glauben, wenn ich dir sage, dass dies die einzige, wirkliche Schwierigkeit ist, der du begegnen wirst? Ein wahres, ein echtes Ziel zu finden, das dir wirklich am Herzen liegt und dich nicht nur kurzfristig motiviert, ist von ungemein großer Bedeutung. Frage dich selbst, was dein Ziel ist oder mache einen kleinen Test in deinem Umfeld und stell dort die Frage: «*Was ist dein Ziel? Was willst du als nächstes in deinem Leben erreichen?*». Nach der anfänglichen Überforderung durch diese Frage werden allgemeine Antworten folgen: «*Sicherheit ist mir wichtig! Ich will mehr Geld verdienen! Ich will gesund bleiben!*»

Konkrete Ziele werden dir auf über 95 % deiner Fragen nicht genannt. Dabei wissen wir alle, dass ohne ein Ziel nichts erreicht wird.

> Es ist grotesk! Wir wissen, dass wir ohne konkretes Ziel NICHTS erreichen und haben trotz dieses Wissens kein konkretes Ziel!

Als mich diese Erkenntnis zum ersten Mal traf, war ich sprachlos und verwirrt. Das kann doch nicht sein, war mein erster Gedanke. Ich musste mich irren. Was kann man tun, wenn man sich irrt? „Googeln" kam mir in den Sinn! Bei Wikipedia fand ich folgende Definition: «*Der Begriff **Ziel** (griechisch τέλος [telos], lateinisch finis, englisch objective, goal) bezeichnet einen in der Zukunft liegenden, gegenüber dem Gegenwärtigen im Allgemeinen veränderten, erstrebenswerten und angestrebten Zustand (Zielvorgabe). Ein Ziel ist somit ein definierter und angestrebter Endpunkt eines Prozesses, meist einer menschlichen Handlung.*»

Okay, das konnte ich verstehen. Und du verstehst es auch, denn wir führen es ja tagtäglich aus. Wenn du um 8 Uhr bei der Arbeit sein musst, stehst du um 6:30 Uhr auf. Wenn wir morgen einen schönen Braten essen wollen, kaufen wir ihn spätestens heute ein, damit wir ihn über Nacht noch einlegen können. Wenn wir in einem Jahr in den Urlaub fliegen wollen, buchen wir möglichst im Frühjahr und legen monatlich Geld für die Reise beiseite. Jetzt wirst du sagen, das sind doch keine Ziele, das ist Alltag. Aber für wen, frage ich dich? Schau, meine Tochter ist gerade 18 Jahre alt und all diese Dinge sind für sie Ziele, die es umzusetzen und zu meistern gilt. Ich weiß noch ganz genau, wie ich meine erste glasierte Putenbrust im Backofen gegart habe. Glaub mir, das war spannender als jeder Krimi. Ich war stolz wie Oskar und präsentierte mein Werk und um es mit den Worten von Dieter Nuhr auszudrücken: *«Die Putenbrust ist auf den PUNKT, seht diese Farbe, riecht diese leichte Honig-Senf Note der Kruste und wie zart und saftig das Fleisch ist, wenn man es anschneidet. Sooo, und jetzt schäl ich die Kartoffeln!»*

Aber warum erzähl ich dir das? Nun, damit du wieder wahrnimmst, was du schon alles für tolle Ziele gehabt und erreicht hast. Denk einmal darüber nach! Als du jung warst, wolltest du erwachsen werden, einen Führerschein, ein Auto, einen Partner, einen Job und vielleicht noch Kinder und ein Haus haben. Auf diesem Weg gingst du nicht immer auf Rosenblättern und doch hast du dich nicht von deinen Zielen abbringen lassen. Wenn du einmal inne hältst und zurückblickst, wirst du feststellen, dass du alles erreicht hast, was du dir wirklich vorgenommen und an dem du lange genug hartnäckig festgehalten hast. Jeder Mensch lebt für sich in seiner Wahrheit (in der Wahrheit, in welcher er die Welt sieht und sie für sich als Wahrheit akzeptiert hat). Diese Erkenntnis musst du verstehen und verinnerlichen. Vielleicht ist für dich dein Leben jetzt anstrengend, aufreibend, gar deprimierend oder frustrierend. So siehst du die Welt, das ist deine persönliche Wahrheit und niemand, außer dir, kann diese Wahrheit verändern.

Henry Ford sagt: «*Ob sie glauben, sie können oder ob sie glauben, sie können nicht, sie haben in beiden Fällen recht!*»

Wie findest du nun zu einer neuen Wahrheit? Was ist jetzt der entscheidende Schritt? Wie kannst du aus dem Alltag ausbrechen? Was kann dich motivieren und antreiben, dir die Angst nehmen und dir Selbstvertrauen geben? Richtig, ein klares, konkretes Ziel.

Nimm dir ein wenig Zeit und gehe einmal in dich. Was wünschst du dir wirklich? Was erstrebst du und was motiviert dich? Bei diesem Punkt scheitern die meisten. Wir wollen nach Hamburg oder München oder Berlin und wenn schon, dann alles gleichzeitig. Versuche, das der netten Dame am Ticketschalter für ein Zugticket aber nun einmal verständlich zu machen. Nur wenn du genau weißt, wohin du willst, kannst du das Ticket bekommen und was noch wichtiger ist; du kommst dort auch an!

Ich verstehe dich gut, denn eigentlich hätten wir ja schon Ziele, stimmt's? Doch wir haben auch Angst, sie nicht zu erreichen, richtig? Deshalb die offenen Worte im ersten Teil des Buches. Erkenne, dass jedem die gleichen Türen offen stehen. Wünsche und Ziele zu haben und diese auch zu erreichen, ist ein ganz natürlicher Vorgang. Fasse wieder Mut und nimm das wieder wahr!

Befolge die nachfolgenden Tipps und auch du findest schnell dein erstes oder nächstes Ziel:

<u>Tipp 1 Wunschliste</u>

Donald Trump, Mark Zuckerberg und Richard Burton haben ein Auge auf dich geworfen und wollen dich unterstützen. Finanziell bist du also aus dem

Stand heraus ohne Grenzen. Was würdest du jetzt tun? Welche Ausbildung würdest du beginnen? Welchen Job würdest du ausüben wollen? Wo würdest du leben? Welche Sportart oder welches Instrument würdest du erlernen wollen? Welche Beziehungen würdest du führen?

<u>Tipp 2 Geburtstagsrede zu deinem 80. Geburtstag</u>

Du feierst deinen 80. Geburtstag und ein großes Fest findet statt. Im Laufe des Abends werden große Reden zu deinen Ehren gehalten. Die Sprecher kommen aus der Familie (Partner, Geschwister etc.), aus deinem Freundeskreis. Es sind ebenso deine Berufskollegen und Mitglieder aus deinem Verein. Wenn du 80 bist, kannst du keinen Einfluss mehr auf die Reden nehmen und nichts mehr ändern. Doch hier und jetzt kannst du dir selbst ganz genau überlegen, was du hören willst und was deine Gäste im Anschluss an die Reden für ein Bild von dir haben sollen. Welche Leistungen sollen genannt und welche Charaktereigenschaften gelobt werden? Halte dich bei diesen Reden nicht zurück. Genau wie bei Tipp 1 kannst du deiner Fantasie freien Lauf lassen, denn es gibt keine Grenzen.

<u>Tipp 3 Gefühle beobachten</u>

Beobachte dein Denken und deine Gefühle. Wenn du durch die Stadt gehst oder im Auto unterwegs bist. Bei einem gemeinsamen Abendessen oder wenn du einen Film ansiehst. Wie sind deine Gefühle in manchen Situationen? Auch in dir steigen Gefühle von haben, sein und tun auf.

- Das möchte ich HABEN!
- Das möchte ich SEIN!
- Das möchte ich TUN!

Notiere dir diese Situationen und lass dabei ruhig deine eigenen und persönlichen Ausschweifungen zu.

Auf diese Art und Weise erschaffst du nun DEINE Liste. Diese ist meist ungeordnet. Daher ist es deine zweite Aufgabe, diese Liste zu priorisieren. Lege die Reihenfolge fest oder bestimme, für welchen der Punkte du dich zuerst entscheidest. Dieses erste Ziel sollte für dich stimmig sein und sich glaubhaft anfühlen. Ich meine damit folgendes: Wenn sie momentan arbeitssuchend sind, erscheint es den meisten wenig glaubhaft, das Ziel zu wählen, in einem Jahr Millionär zu sein. Sicher ist auch das möglich, doch vielleicht wäre es eine Alternative, sich im ersten Jahr den Aufbau eines Unternehmens als Ziel zu setzen und die erste Million dann ins zweite Jahr zu verlagern. Bitte behalte am Anfang folgendes im Auge: Du hast ein Ziel gewählt und zu diesem Zeitpunkt hast du nur deinen Glauben an das Ziel. Platzierst du dein Ziel zu hoch, wirst du evtl. zu früh entmutigt und es aufgeben, weiter daran zu glauben und genau das gilt es zu vermeiden. Daher empfehle ich dir, diesen Prozess sportlich zu sehen. Jedes Erreichen eines Zieles trainiert in dir die Kraft, an deine Ziele zu glauben, wie einen Muskel. Lasse diesen Muskel also wachsen.

Mit Zielen arbeiten

Hast du ein Ziel gefunden, ist der schwerste Teil geschafft. Nun gilt es, dieses Ziel richtig zu formulieren und diese Zielformulierung deinem Unterbewusstsein zu übermitteln.

Definiere dein Ziel glasklar!

Die Aussagen: *«Ich will mehr verdienen.»* oder *«Ich will verreisen.»* sind zu schwammig und führen zu keinem Ergebnis. Stattdessen definiere mindestens Ort oder Menge und den Zeitraum. Zum Beispiel: *«Ich verdiene monatlich ___ Euro.»* oder *«Ich werde im Mai 20xx meinen Urlaub in der/den _____ verbringen.»*

Formuliere ein Ziel immer positiv!

Definiere also nicht: *«Ich werde weniger essen, um schlanker zu werden».* Hierbei ist deine Kernaussage an dein Unterbewusstsein: *«Ich werde essen, um schlanker zu werden».* Verstärke daher ausschließlich das, was du erreichen willst. Benutze in einer Zielformulierung auf keinen Fall Verneinungen, da sie dein Unterbewusstsein nicht als solche wahrnehmen kann.

Definiere Ziele in der Gegenwartsform!

Nimm deinen Erfolg vorweg. Zeige deinem Unterbewusstsein, was du erwartest. Statt: *«Ich will eine schöne, große Wohnung!»*, sagst du: *«Ich habe eine fantastische, 200qm große Penthouse-Wohnung mit Blick über die Stadt!».*

Fixiere dein Ziel <u>nicht</u> auf eine Person!

Zum Beispiel: *«Es ist mein Ziel, dass Annemarie mich liebt».* Annemarie ist eine eigenständige Persönlichkeit mit einem eigenen Willen. Niemand kann einer anderen Person seinen Willen aufzwingen. Formuliere stattdessen: *«Ich lebe mit einer wunderba-*

ren Person in einer glücklichen und harmonischen Beziehung».

Streue nicht deine Energie!

Wie du in den Kapiteln in Teil 1 erfahren hast, kommst du schneller ans Ziel, wenn du mehr Aufmerksamkeit auf einen Gedanken richtest. Diese Energie kannst du durch dein emotionales Empfinden weiter verstärken. Je mehr Ziele du anvisierst, umso stärker teilt sich deine Aufmerksamkeit unter den Zielen auf. Konzentriere dich am Anfang auf maximal 4 Ziele. Finde 2 materielle und 2 dazu passende mentale Ziele. Ein Beispiel findest du in dem Abschnitt „Wie Innen, so Außen".

Wie Innen, so Außen!

Ein Boxer, der sich nicht stark, groß und voller Energie fühlt, wird wohl kein großer, herausragender Boxer sein. Ein Unternehmer, der nicht selbstbewusst ist und von seinem Genius überzeugt ist, wird es wahrscheinlich nur begrenzt zu Wohlstand bringen. Erst wenn du es zulässt, dass sich in deinem Inneren die mentalen Eigenschaften einnisten, werden sich auch äußerlich sichtbare Ergebnisse einstellen. Defi niere daher zu einem materiellen Ziel immer die mentalen Attribute.

Ein materielles Ziel ist das was du aussen siehst und erkennen kannst.

Zu den immateriellen Zielen zählen deine persönlichen Qualitäten und Eigenschaften.

Unterteile die vier Ziele in 2 Materielle und 2 Mentale (Immaterielle).

Materielle Ziele sind beispielsweise:

Ein Haus, eine größere Wohnung, ein Auto oder ein Zweitwagen, ein Motorad, ein höheres Nettoeinkommen, ein anderer Beruf usw. Also alles was du nach aussen hin erkennen kannst. (das möchtest du HABEN!)

Immaterielle Ziele sind beispielsweise:

mehr Gesundheit, mehr Energie, mehr Lebensfreude, mehr Kreativität, mehr Selbstbewusstsein und mehr Selbstsicherheit, mehr Genius und höhere Konzentrationsfähigkeit, mehr Beharrlichkeit, mehr Mut, etc. (so willst du SEIN!)

Gehe nun folgendermaßen vor: Finde dein materielles Ziel und erkenne welche immateriellen Qualitäten und Eigenschaften dazu notwendig sind.

Abschließend hierzu ein Praxis-Beispiel:
- Ich liebe es mit meinem Motorad zu fahren!

- Ich bin voller Energie!

Nun möchte ich dir noch einen sehr wichtigen Punkt mit auf den Weg geben. Sobald du anfängst mit deinen Zielen zu arbeiten, bewahre über deine Ziele absolutes Stillschweigen. Es sind deine persönlichen Ziele und keine Warenauslage im Feinkostgeschäft. Stell dir einfach einen Dampfkessel vor. Jedes Mal, wenn du mit anderen über deine Ziele sprichst, entweicht ein wenig Dampf. Irgendjemand schafft es immer, selbst an der tollsten Idee etwas zum Bemängeln zu finden und sei es auch nur aus Neid, diese Idee nicht schon längst selbst gehabt zu haben, richtig? Warum sollte es anders sein, wenn es um DEINE Ziele geht? Es gilt: Absolutes Stillschweigen vor ABSOLUT jeder Person in deinem Umfeld (Partner, Kinder, Geschwister, Freunde, Kollegen...).

Affirmationen

Albert Einstein sagte es bereits: «*Probleme kann man niemals mit derselben Denkweise lösen, durch die sie entstanden sind.*» Wenn wir also nach wie vor das gleiche denken und tun, werden unsere Ergebnisse auch diesem Denken und Tun entsprechen. Veränderst du dein Denken jedoch nur um ein einziges Attribut, wird das Ergebnis langfristig völlig andere Umstände aufweisen.

Nehmen wir hierzu ein einfaches Beispiel zu Hilfe: Veränderst du den Kurs eines Schiffes nur um ein halbes Grad, wirst du nach hundert Seemeilen an einem ganz anderen Ziel ankommen, richtig? Nun stell dir diesen Effekt für unser Denken vor. Das Denken eines Menschen ist von Gedanken wie Armut, Angst, Sorge, Schwäche und Grenzen geprägt. Stell dir weiterhin vor, dass diesem Denken nur ein einziges neues Attribut hinzugefügt wird, z.B. Fülle. Dieses Attribut wird in Form eines einzigen Leitsatzes übergeben: «*Es ist genug für alle da!*». Genau wie bei der Kursänderung des Schiffes, werden sich die Lebensumstände des Menschen an die neu hinzugefügte Glaubensrichtung anpassen.

Bei manchen Menschen bilden sich bei der „Ich bin" Formulierung sehr starke Widerstände (zum Beispiel: Ich bin reich; Ich bin voller Gesundheit etc). Sie fühlen sich richtiggehend unbehaglich bei solch einer Aussage. Wenn eine solch starke negative Prägung vorliegt, kann man einen einfachen Trick anwenden. Lasse das „Ich bin" weg und benutze nur den Begriff für die Eigenschaft die du fördern möchtest. Ich habe hier hervorragende Ergebnisse mit einem einfachen Singsang erzielt, indem ich mir die Begriffe „Reichtum, Erfolg, Macht" über einen zwei wöchigen Zeitraum immer und immer wieder aufgesagt habe. Da ich hier nicht von mir behauptet habe

Reich oder Erfolgreich zu sein, entstehen im Unterbewusstsein keine Blockaden und die Essenz des Begriffes kann ungehindert ins Unterbewusstsein eindringen. Sind die Blockaden abgebaut, kann dann der Affirmationssatz angepasst werden.

Wie du siehst, hat das Einbringen von neuen Attributen einen sehr hohen Wert für deine Zukunft. Definiere passende Leitsätze zu deinen Zielen. Stell dir als Beispiel vor, dass du dir eine neue Partnerschaft zum Ziel gesetzt hast. Dein hierzu passender Leitsatz könnte nun lauten: *«Ich werde von vielen Menschen geliebt und geachtet!»*. Mehrfach am Tag, immer wenn du daran denkst, wiederholst du nun deinen Leitsatz. (Der aufgeführte Leitsatz dient nur als Beispiel. Mit ihm kann lediglich das Potential der Wahrnehmung erhöht werden.) Sollte es dir schwer fallen, dich daran zu erinnern, kannst du dir ein Kärtchen oder einen Stein in die Hosentasche stecken und immer, wenn du mit den Fingern daran stößt, ist es ein schöner Anlass, den Leitsatz zu verinnerlichen.

Visualisierung

Nach dem Spiel ist vor dem Spiel. Wie sieht es für dich aus, wenn du dein Ziel erreicht hast? Wie fühlt es sich an, wenn du die Augen schließt und du dein eigener Regisseur bist? Diese Übung ist im Profisport längst ein fester Bestandteil für das Mentaltraining der Spieler. Lass den Film deines Erfolges ablaufen und zeig deinem Unterbewusstsein, worauf du sich freust. Je genauer, je detaillierter dein Film ist, umso genauer werden die Ergebnisse ausfallen. Feile daher unentwegt an deiner Vorstellungskraft und gib dich ganz deinen Schöpfungen (Filmen) hin. Mit dieser Übung erreichst du einen richtigen Turbo, wenn du dich ganz deinem Film hin gibst, dich im wahrsten Sinne fallen lässt und deine Umwelt für einen Moment völlig vergisst.

Unsere stärkste Kraft, die wir als Menschen haben, ist unsere die Vorstellungskraft. Wir können in unsere Gedanken, in unserem Geist, unglaubliche Ziele ausarbeiten und Ihnen auf diese Art und Weise Leben einhauchen. Weißt du noch "Der Gedanke an eine Sache, IST die Sache" (zu finden im Energie Kapitel). Unsere Vorstellungskraft unterliegt keiner Begrenzung. Der Glaube an das was wir erreichen können, ist bei ungeübten Personen in Übereinstimmung mit der erlebten oder abzuleitenden Erfahrung. Demnach verhält sich auch der Einsatz der Vorstellungkraft in diesem abgesteckten Rahmen. Die ProfiNewsletter, die du unter www.Die-Macht-Deiner-Wahrheit.de/ProfiNewsletter bekommen kannst, dienen dazu, diesen Rahmen neu zu definieren. Wir sind, in dem was wir schaffen können, unbegrenzt, doch natürlich muss dieser Glaube daran wachsen und wie ein Muskel ständig trainiert werden. Denn nur wenn wir uns das Träumen wieder erlauben, wird auch unsere Kreativität wieder wachsen und Einfluss auf die Vorstellungskraft nehmen. Je klarer du ein Ziel, einen Gedanken, vor Augen hast, umso mehr Kraft gibst du Ihm.

Wie jedoch soeben festgestellt, ist bei vielen dieser Muskel "Vorstellungskraft" oder nennen wir es einfach einmal "räumliches Sehen" untrainiert. Daher ist es ungemein wichtig, dass du dich deinen Tagträumen wieder hingibst und dir jeden Tag ein wenig Zeit reservierst um in deinen Zielen zu schwelgen.

Einen Gedanken, den du mit deinen Emotionen auflädst, verleiht dir eine enorme Kraft. Genau das ist mit der Aussage gemeint «Einer Idee Leben einhauchen». Je intensiver du deinen Film als Realität erlebst, umso schneller wird sich dein Ziel entfalten.

Das schriftliche Fixieren

In den vorangegangenen Punkten haben wir die Affirmation und die Visualisierung besprochen. Beides sind mächtige Techniken, die unser Unterbewusstsein anleiten. In diesem Abschnitt arbeiten wir ebenfalls ganz bewusst mit unseren Zielen. Schreibe täglich deine 2 materiellen und deine 2 mentalen Ziele in ein kleines DIN A5 Buch, welches du dir extra zu diesem Zweck zulegst. Wir haben bereits an anderer Stelle über die Pflege eines Tagebuches gesprochen. Hier kannst du beides wunderbar miteinander kombinieren.

Durch deine schriftliche Fixierung teilst du deinem Unterbewusstsein mit, wie ernst es dir mit deinen Zielen ist. Notiere zu jedem Ziel mindestens 5 Gründe, warum du es erreichen willst. Das sind deine Motive, Sie geben dir auch die „Motiv-ation" über einen gewissen Zeitraum beharrlich zu bleiben.

Diese Aufgabe, das schriftliche Fixieren, ist übrigens keine Technik, die man einsetzen **könnte**. Genauso wenig, wie es die anderen beiden Techniken sind. Diese Techniken stellen die Basis dar, um ein Ziel sicher zu erreichen. Warum dies so ist, erfährst du im Abschnitt „Wiederholungen".

Oftmals höre ich die Aussage: „Ich habe für so etwas keine Zeit!" oder „Tagebücher sind doch nur etwas für kleine Mädchen!". Schauen wir uns einmal beide Aussagen getrennt voneinander an.

„Ich habe keine Zeit ein Tagebuch zu führen." Hierbei handelt es sich um einen vorgeschobenen Grund, weil die tiefe und wichtige Einsicht, wie wertvoll diese Tätigkeit ist, noch nicht verstanden wurde. Stell dir vor, dass ich dir jedes Mal 100 € gebe, wenn du dein Tagebuch führst. Ich denke, dass nun Zeit keine Rolle mehr spielen wird, richtig? Dabei liegt der wahre Wert, ein Tagebuch zu führen, viel höher. Jeder erfolgreiche Mensch kann sich ohne eine gesunde Eigenreflektion nicht weiterentwickeln. Wann glaubst du, haben erfolgreiche Persönlichkeiten angefangen ein Tagebuch zu führen? Als sie bereits erfolgreich waren oder zu dem Zeitpunkt, als sie sich fest vorgenommen hatten, erfolgreich zu werden? Woher kommen die Biographien vieler berühmter Personen? Woher wissen diese Menschen, selbst noch nach Jahrzenten, wie sie sich an einem gewissen Tag gefühlt haben? Wie ist es bei dir? Gibt es deine Memoiren noch nicht, weil du nicht erfolgreich bist oder bist du nicht erfolgreich, weil du glaubst, dein Leben wäre zu unbedeutend um, aufgeschrieben zu werden? Denke darüber einmal in aller Ruhe nach.

„Tagebücher sind nur etwas für kleine Mädchen!" Eine Aussage, die auf Unsicherheit beruht, erkennt man immer daran, dass der Umstand ins Lächerliche gezogen wird. Wir notieren in unserem Tagebuch unsere Ziele, unsere positiven Erlebnisse und unsere Erkenntnisse. Ich glaube nicht, dass nur kleine Mädchen an diesen 3 Punkten ihre Freude haben können.

Ich habe mir angewöhnt, morgens etwas früher aufzustehen, um Zeit für mich zu haben und meine Ziele zu notieren. So habe ich meine Ziele schon morgens wieder vor Augen und identifiziere mich mit ihnen. Nach dem Notieren bei einer kurzen gedanklichen Visualisierungs-Übung. Dieser ganze Vorgang dauert 5 bis 10 Minuten (mehr nicht). Anschließend genieße ich mein Frühstück und freue mich auf den Tag, der mich meinen Zielen näher bringt. Abends, wenn ich zur Ruhe komme, notiere ich meine Erlebnisse. Hierbei suche ich nach Möglichkeiten der positiven Formulierung. Natürlich kommt es vor, dass sich auch einmal ein Misserfolg einschleicht. Hierbei können wir auf einen Trick von Brian Tracy zurückgreifen: „Analysiere den Misserfolg unter den zwei Gesichtspunkten *«Was habe ich richtig gemacht?»*

und «*Was würde ich anders machen?*». Da beide Fragestellungen positiv sind, werden auch deine Antworten auf diese Fragen positiv bleiben. Somit bleiben wir unserer Aufgabe treu, positive Formulierungen zu notieren. Nachdem ich den Tag schriftlich begutachtet habe, suche ich nach Erkenntnissen oder Einsichten und notiere diese ebenfalls. So kann ich jeden Tag intensiver und bewusster erleben und für mich festhalten, wofür dieser Tag gut war.

Nun kannst du deine Ziele vor dem Schlafengehen noch einmal notieren. Auf jeden Fall solltest du dir aber deine Ziele noch einmal laut vorlesen. Die Gedanken und Tätigkeiten, die du als letztes am Tag ausführst, nimmst du mit in deinen Schlaf. Davon wurde wahrscheinlich die bekannte Aussage: «*Den Seinen gibt's der Herr im Schlaf!* » abgeleitet. Also einfacher geht es nun wirklich nicht mehr!

Wiederholungen

Ein dickes Stück Stahl wird jahrelang mit einem Hammer geschmiedet. Dabei wird es noch nicht einmal auf Temperatur gebracht. Glaubst du, dass man die Spuren des Schmiede-Hammers nach Jahren sehen kann?

Mit Sicherheit!

Ein Stein liegt am Berg unterhalb einer Öffnung, aus welcher all die Jahre über das Schmelzwasser in kleinen Tropfen austritt. Wird man die Spuren des Schmelzwassers nach Jahren auf dem Stein sehen können?

Mit Sicherheit!

Ein Mensch hört jeden Morgen auf dem Weg zur Arbeit die dramaturgisch und reißerisch aufbereiteten Nachrichten aus seinem Radio. Wird man nach Jahren die Angst, die Machtlosigkeit und den Ärger über diese Nachrichten in seinen Augen sehen können?

Mit Sicherheit!

Alles, was ausreichend oft wiederholt wird, hinterlässt Spuren!

Nun liest du dieses Buch und erkennst diese großartige Wahrheit. Im Kapitel „Ziele" hast du ein motivierendes Ziel für dich gefunden und nun startest du durch. Du sagst deinen Glaubenssatz bei der Morgentoilette, auf dem Weg zur Arbeit, während der Mittagspause und abends vor dem Schlafengehen auf. Da es sich am Anfang etwas ungewohnt anfühlt, achtest du darauf, dass die Tür zum Badezimmer geschlossen bleibt. Auf dem Weg zur Arbeit schaust du während dem Aufsagen öfter einmal in den Rückspiegel, um dich zu vergewissern, dass du auch wirklich alleine im Auto bist. In der Mittagspause gehst du nach dem Essen noch ein kurzes Stück, um alleine zu sein und deine Wiederholungen aufzusagen. Abends gehst du schon 5 Minuten früher zu Bett und bittest deinen Partner, dir diese 5 Minuten Ruhe einzuräumen.

Hört sich anstrengend an, nicht wahr? Fühlt sich wie eine Pflicht an, die du dir da auferlegt hast. In den meisten Fällen wird sich nach 2 bis 4 Wochen ein „Schleifen-lassen" einschleichen. Unter der Dusche vergisst du es, deinen Glaubenssatz aufzusagen. Im Auto wird wieder Radio gehört. Die Mittagspause..., das 5 Minuten frühere Schlafengehen...

Ein leider immer wieder erlebter Teufelskreis! Nach 4 Wochen suchst du trotz aller Unregelmäßigkeit die ersten Anzeichen oder Fortschritte, kannst jedoch nichts finden. Du bist frustriert und sagst zu dir: „Das klappt bei mir nicht!" und verfällst wieder in deinen alten Trott.

Und dabei brodelte es unter der harten Oberfläche und es waren bereits kleine Risse in der alten Schale zu sehen. Du hast aber nach 2 bis 3 Wochen schon aufgehört in dein Tagebuch zu schreiben. Gedanklich warst du auch wieder mehr im Alltagstrott, anstatt bei deinen Zielen zu bleiben. Daher konntest du gar nicht so richtig spüren, wie die Veränderungen anfingen, sich in deinem Inneren auszubreiten.

Sei ehrlich zu dir selber. Du bist jahrelang über den Acker gelaufen und hast die Erde festgetrampelt und jetzt läufst du 4 Wochen mit einer Spitzhacke über das Feld und erwartest eine blühende Wiese? Ist das in deinen Augen realistisch? Was du jedoch getan hast, war, die Oberfläche zu durchlöchern und deine Wiederholungen sind wie Regen in dein Unterbewusstsein eingesickert und der harte Boden wurde immer weicher... und genau JETZT, hören die meisten Menschen wieder auf und probieren das nächste Buch aus. Dabei trampeln Sie auf altbewährte Weise die Löcher wieder zu.

Ich habe das selbst so ausprobiert und mich genauso „unschlau" angestellt, bis ich für mich die Übung der Wiederholung mit einer Symbolik verband. Wenn du beginnst, ist die Wiederholung für dich das wichtigste, um neue Glaubenssätze zu verankern.

In dem Kapitel über Energie hast du erfahren, dass wir uns immer wieder erneuern. Alte Zellen sterben ab und neue werden gebildet. Dieser Vorgang findet in jeder Sekunde unseres Lebens statt. Stell dir vor, wie sich jede Sekunde ca. 10.000 neue Zellen bilden und wie du diese Zellen durch deine Wiederholungen wortwörtlich impfst.

Eine Impfung ist für mich etwas sehr Positives und so konnte ich mir vorstellen, wie eine riesige, überdimensionale Spritze (ich habe übrigens die metallische Kanüle in meiner Vorstellung einfach ausgeblendet)... also, wie diese riesige Spritze die neuen Zellen bei jeder Wiederholung mit meinen neuen Denkmustern impft. Innerlich konnte ich dabei spüren, wie es sich richtig und gut angefühlt hat. Und es hat Spaß gemacht und barg eine gewisse Komik in sich, sodass ich oft über mich schmunzeln musste, wenn ich mich zum Beispiel beim Duschen mal wieder mental geimpft habe. Ich tue dabei unmittelbar etwas für mich, für meine Zukunft, für meine Lebensqualität. Die alten Zellen und Denkgewohnheiten sterben ab und die neuen Zellen werden gleich richtig auf Kurs gebracht. Durch die Symbolik des Impfens habe ich dem anfänglich ungewohnten Handeln einen dauerhaften Sinn gegeben und die Impfungen wurden ein natürlicher Reflex, der jedes Mal wieder Spaß macht.

Aufgrund unseres heutigen Technikstandes ist es ein Leichtes, durch permanente Wiederholungen prägend auf unser Unterbewusstsein einzuwirken. Nennen wir es die **automatisierte Wiederholung**. Fast jeder in Deutschland kennt den Spruch «*Ich bin doch nicht blöd!*» aus den Medien. Sicherlich wäre er uns nicht so gut bekannt, wenn er nur ein einziges Mal im Fernsehen aufgesagt worden wäre. Auch wenn wir es nicht wollen, können wir uns der permanenten Wiederholung kaum entziehen. Was läge da näher, als uns dieses Wissen zu Nutzen zu machen. «*Wie soll das denn gehen…*», wird der ein oder andere Leser denken, «*…soll ich meinen eigenen Spot drehen?*». FAST richtig! Keinen Werbespot, aber DEIN eigenes Hörbuch. Aufgrund der heutigen Computertechnik ist es sehr leicht, einen gesprochenen Satz abzuspeichern und auf eine CD zu brennen. Mache dir also deine eigene automatische Wiederholung und präge deinem Unterbewusstsein deine Ziele ganz unbewusst beim Autofahren, beim Putzen, in der U-Bahn, beim Sport, beim Kochen usw. ein. Die Energie, welche sich dabei fast ganz nebenbei aufbaut, wird dich erstaunen. Nach 2 bis 3 Wochen wirst du deine eigene CD kaum noch wahrnehmen und doch wird dein Unterbewusstsein permanent mit deinen Zielen versorgt. Das ist viel besser, als sich von den schlechten Nachrichten während einer Fahrt zur Arbeit beeinflussen zu lassen.

Motive sammeln

Du hast ein Ziel? Du hast die Techniken „Affirmation", „Visualisierung" und „das schriftliche Fixieren" zur Fokussierung verstanden? Nun, dann könnte es doch eigentlich losgehen, oder? NEIN. Um wirklich erfolgreich zu sein und um erkennen zu können, ob dein Ziel wirklich eine Herzensangelegenheit ist, musst du vorher nur noch eine Aufgabe erledigen. Sammle genügend Motive, bevor du anfängst ein Ziel zu erreichen. Immer wieder sehe ich Menschen scheitern oder gar nicht erst durchstarten, weil ihnen die Motive fehlen.

Stell dir bitte mal folgende Situation vor: Steve Jobs hätte, als er das IPhone erfand, über all die „Wie's" (WIE soll ich einen leistungsfähigen Akkuhersteller finden? WIE schaffe ich es, ein Handy mit Gestik zu entwickeln? usw..) nachgedacht. Glaubst du im Ernst, er hätte dann noch große Lust gehabt anzufangen? Was wird ihn angetrieben haben?

Nicht das WIE zählt, sondern das WARUM! Du willst am Wochenende zu einem Konzert von deinem Lieblingssänger. Es findet in der 200 km entfernten Großstadt statt. Wie wichtig ist es, ob du einen Führerschein hast oder kein Geld für ein Bahnticket, weil die Konzertkarte schon so teuer gewesen ist? Dein bester Freund liegt mit 40 Grad Fieber im Bett oder hat gerade sein Auto als Totalschaden am Baum stehen gelassen. All diese „Wie's", die du überwinden musst, interessieren dich überhaupt nicht, denn du weißt WARUM du sie überwinden wirst. Du willst mit 5000 anderen hysterisch mit den Armen wackeln, Feuerzeuge anzünden und voller mitreißender Emotionen einfach einen wildfremden Menschen umarmen. Du willst dich auspowern und dieses Gefühl der Verbundenheit, das dir in der Arbeitswoche so oft verloren geht, unbedingt wieder erleben. Du willst dich toll, groß, stark, schön und verstanden fühlen und am Montag danach deinen neidisch dreinschauenden Kollegen alles bis ins kleinste Detail ausmalen. Alles, was vor, während und sogar nach dem Konzert noch passiert ist. Klar soweit?!

Warum willst du dein Ziel erreichen? Nur diese „Warum's" werden dir beim Durchhalten helfen. Sie werden dir Kraft geben und aufkeimende Zweifel niederschmettern. Schreibe dir mindestens 30 Motive auf und versuche diese Liste kontinuierlich zu erweitern. Die ersten 10 Motive zu finden ist oftmals leicht zu schaffen. Bei den nächsten 10 Motiven musst du schon sehr heftig deine Kreativität bemühen und es fühlt sich an, als würden deine beiden Gehirnhälften kräftig durch massiert. Die letzten 10 Motive zu finden fühlt sich an, als wolltest du Wasser aus einem Stein pressen. Zwing dich bitte dazu. Um dein Ziel zu erreichen sind Motive absolut notwendig. So wie du als Mensch die Luft zum Atmen benötigst, so lebt ein Ziel von deinen Motiven.

Mein Ziel: _____

Ich erreiche mein Ziel weil:

Meine Familie dann stolz auf mich ist!

Meine Achtung vor mir selbst steigt!

Jedes erreichte Ziel mein Selbstbewusstsein weiter aufbaut und meinen Selbstwert hebt!

Bezahl den Preis

Du gehst in ein Autohaus. Dir gefällt ein Wagen. Ein Verkäufer kommt auf dich zu und sagt: «*Bitte, ich sehe doch wie Ihnen der Wagen gefällt. Hier sind die Schlüssel, fahren Sie ihn erst einmal 5-6 JAHRE oder sagen wir 150.000 Kilometer und dann sprechen wir über den Preis.*» Weder mir noch dir ist so etwas je passiert. Warum sollte es also bei unseren Zielen anders aussehen?!

Albert Einstein kann uns die Situation mit einem ebenfalls sehr passenden Zitat näher bringen: «*Die Definition von Wahnsinn ist, immer das Gleiche zu tun und andere Ergebnisse zu erwarten.*» Wie sollen sich die Umstände (Auswirkungen) ändern, wenn die Ursache nicht verändert wird?

Hierzu höre ich Henry Ford sagen: «*Wer immer das tut, was er kann, wird immer bleiben, was er schon ist.*»

Und was soll dir das nun sagen? Mit Zielen zu arbeiten bedeutet, sich auf sein Inneres zu besinnen. Du erschaffst zuerst ein Luftschloss und anschließend setzt du ein Fundament darunter. Diese Aufgabe erfordert in erster Linie eins von dir: ZEIT! Du nutzt diese Zeit und widmest deinen Zielen Aufmerksamkeit. Du glaubst an sie und hegst und pflegst sie wie einen Garten. Du hast den Boden bereitet und deine Samen in die Erde gesteckt. Nun hältst du die Erde feucht, sorgst für genügend Sonnenlicht und Wärme und entfernst das Unkraut. Du GLAUBST zu diesem Zeitpunkt nur daran, dass die Natur, sowie deine Liebe und Pflege das Wunder wahrwerden lassen und der Samen anfängt zu keimen.

GENAU das GLEICHE trifft auf deine Arbeit mit den Zielen zu. Du hast dir ein Ziel gesetzt und du GLAUBST daran, es zu erreichen (**Affirmationen**). Damit du dabei bleibst, setzt du dich täglich hin (die

Wiederholung) und schreibst deine Ziele auf (**das schriftliche Fixieren**). Denkst über sie nach (**das Visualisieren**), baust sie weiter aus (**Motive sammeln**) und stellst dir in Gedanken vor, wie sehr du dich freust, wenn dein Ziel wahr wäre, wie stolz dein Partner und deine Kinder (ja sogar du selbst) auf dich sind, dass du DAS geschafft hast.

Vielleicht hört es sich für dich sehr streng an, doch es steckt auch eine Menge an Freiheit darin. Nehmen wir ein Beispiel zu Hilfe: Manche Menschen schwören absolut auf ein Frühstück, anderen reicht ein Kaffee und eine Zigarette und wieder andere essen erst etwas zu Mittag. Doch alle diese Gruppen haben eins gemeinsam: Sie ESSEN, stimmt's? Genauso verhält es sich mit der täglichen Arbeit mit deinen Zielen. Manche planen diese Aufgabe gerne für die Vormittagsstunden, andere lieber für die Mittagstunden und wieder andere schwören auf die Abendstunden. Aber jeder, der diese Aufgabe in seinen Lebensalltag einplant, wird sein Ziel erreichen und nur diejenigen, die sich KEINE Zeit für ihre Ziele nehmen, werden auch KEINE Ziele erreichen. Ist das fair?

Meine eigene Erfahrung hat gezeigt, dass ich gerne morgens mein Tagebuchblatt vorbereite. Hierzu schreibe ich meine Ziele auf und setze darunter den Einstieg für das Tagebuch. Anschließend schließe ich einen Moment die Augen und stelle mir vor, wie es ist, diese Ziele erreicht zu haben. Diese Arbeit dauert ca. 20 Minuten und diese Zeit ist meine Investition in meine Zukunft. Es ist meine Kreativzeit. Als ich begonnen habe, mich auf meine Ziele zu konzentrieren und mich dieser Aufgabe zu stellen, bin ich jeden Morgen diese 20 Minuten früher aufgestanden (JA ECHT!). Es war zu Beginn ungewohnt, doch es war der Preis, den ich zahlen musste, um meine Ziele im Fokus zu behalten und um sie zu erreichen. Auf dem Weg zur Arbeit hörte ich mir im Auto meine CD an. Nach relativ kurzer Zeit konnte ich meine Ziele dabei sogar mitsprechen. Abends, wenn ich von der Arbeit nach Hause kam, setzte ich mich bei einem schönen Espresso auf den Balkon und schrieb meine Erkenntnisse in mein Tagebuch auf. Anschließend ging ich nochmals meine Ziele durch und las sie mir oftmals sogar laut vor. Dieser Part dauerte meist nicht länger als 15 Minuten. Jedes Mal, wenn ich das gemacht hatte, fühlte ich mich anschließend richtig gut, denn ich war wieder konsequent gewesen und hatte meine Zukunft aktiv gestaltet. Sehr schnell ging mir diese Arbeit in Fleisch und Blut über und an den Tagen, an denen ich es schleifen ließ, fühlte ich mich abends überhaupt nicht gut und hatte ein schlechtes Gewissen.

Halte dir deutlich vor Augen, dass du es ganz alleine in der Hand hast, ob du dir Zeit für deine Zukunft nehmen willst oder nicht. Diese Verantwortung liegt wirklich ganz alleine bei dir. Aus eigener Erfahrung kann ich dir nur empfehlen: *«Bezahle den Preis für deine eigenen Ziele, sonst lebst und arbeitest du für die Ziele anderer!»*

Der Prozess

Ich bin immer sehr neugierig gewesen, was wann und wie passiert, wenn ich etwas so und so oft mache usw. Die Antworten darauf erstrecken sich von ungenau bis schwammig. Und doch ist das eine Antwort, die bei einem Neuling auf dem Pfad zu einem eigenen Ziel über Sieg und Niederlage entscheiden kann.

Um von vornherein nicht allzu viel Spannung aufzubauen, möchte ich zu bedenken geben, dass jeder Mensch individuell ist. Er hat ganz eigene, spezielle Erfahrungen und Erkenntnisse. Daher ist es kaum möglich, genaue Zeitspannen zu nennen, wann dies oder jenes eintritt. Wenn er richtig angeleitet wird, konnte ich aber einen Prozess immer wieder beobachten. Dieser Prozess beschreibt den Weg eines neuen Gedankens, eines neuen Zieles von der anfänglichen Ablehnung bis hin zu dem tiefen, festen Wissen, es zu schaffen. Ich selbst habe diesen Prozess schon oft durchlaufen und es haut mich immer noch fast vom Stuhl, wenn im Gehirn plötzlich ein Schalter umgelegt wird und man blitzartig erkennt, dass man die Schwelle zwischen glauben und hoffen überschritten hat und an deren Stelle pures WISSEN tritt. Man ist sich in diesem Moment vollkommen bewusst, dass man sein Ziel erreicht. Man weiß es und da ist kein Platz mehr für Zweifel.

Du beginnst ein Ziel zu planen und entwickelst deine Leitsätze und in den ersten 1 bis 2 Wochen sagst und schreibst du deine Leitsätze auf. Zum Beispiel willst du ein neues Auto. Momentan fährst du einen alten Twingo und als nächstes soll es ein Audi

A6 sein[4]. Nun beginnst du den Weg zu gehen und sagst dir deinen „Zielauto-Leitsatz" vor:

«*Ich liebe meinen knallroten A6.*»

Sofort meldet sich dein Tagesbewusstsein:

«*Ich habe gar keinen knallroten A6.*»

Du lässt dich nicht beirren und auch tags darauf behauptest du erneut:

«*Ich liebe meinen knallroten A6.*»

Wieder meldet sich dein Tagesbewusstsein

«*Jetzt behaupte ich das schon wieder, *kopfschüttel.*»

Du: «*Ich liebe meinen knallroten A6.*»

Tagesbewusstsein: «*Was für ein Blödsinn!*»

Du: «*Ich liebe meinen knallroten A6.*»

Tagesbewusstsein: «*Ich hab'nen Twingo.*»

Du: «*Ich liebe meinen knallroten A6.*»

Tagesbewusstsein: «*Was sollen diese Behauptungen nur bringen?*»

Du: «*Ich liebe meinen knallroten A6.*»

---

[4] Ich will hier auf keinen Fall irgendeinen Automobil-Hersteller abwerten oder bevorzugen. Daher dienen die angegebenen Marken und Modelle nur der Veranschaulichung!

Tagesbewusstsein: «*Kann es sein, dass ich mich selbst belüge?*»

Du: **«Ich liebe meinen knallroten A6.»**

Tagesbewusstsein: «*Ist doch viel zu teuer.*»

Du: **«Ich liebe meinen knallroten A6.»**

Tagesbewusstsein: «*Ja, vielleicht in 20 Jahren oder wenn ich Rentner bin.*»

Du: **«Ich liebe meinen knallroten A6.»**

Tagesbewusstsein: «*Wer soll das glauben?*»

Du: **«Ich liebe meinen knallroten A6.»**

Tagesbewusstsein: «*Völliger Schwachsinn!*»

Du: **«Ich liebe meinen knallroten A6.»**

Tagesbewusstsein: «*Was für ein Blödsinn!*»

Du: **«Ich liebe meinen knallroten A6.»**

Tagesbewusstsein: «*Ich glaube nicht, dass das was bringt!*»

Du: **«Ich liebe meinen knallroten A6.»**

Tagesbewusstsein: «*Ob ich das noch lange durchhalte?*»

Du: **«Ich liebe meinen knallroten A6.»**

Tagesbewusstsein: «*Na gut, ob ich jetzt unter der Dusche stehe und Radio höre oder mir vorstelle, in* einem knallroten A6 zu sitzen, da nehm ich doch lieber den A6.»

Du: *«Ich liebe meinen knallroten A6.»*

Tagesbewusstsein: *«Dann will ich aber auch die Sport-Variante.»*

Du: *«Ich liebe meinen knallroten A6»*

Tagesbewusstsein: *«Mit diesen Wahnsinns 19 Zoll Alu Felgen, die ich vor kurzem gesehen habe!»*

Du: *«Ich liebe meinen knallroten A6.»*

Tagesbewusstsein: *«Cremefarbene Ledersitze mit roten Applikationen an den Nähten und meinem Namenszug.»*

Du: *«Ich liebe meinen knallroten A6.»*

Tagesbewusstsein: *«Die HiFi-Anlage will ich von Bang und Olufsen.»*

Du: *«Ich liebe meinen knallroten A6.»*

Tagesbewusstsein: *«Auf diesem große Navigationsdisplay kann man sogar DVD Filme ansehen.»*

Du: *«Ich liebe meinen knallroten A6.»*

Tagesbewusstsein: *«Mein Nachbar wird große Augen machen»*

Du: *«Ich liebe meinen knallroten A6.»*

Tagesbewusstsein: «*Und wie mich meine Kollegen beneiden werden.*»

Du: «*Ich liebe meinen knallroten A6.*»

Tagesbewusstsein: «*Ich spüre, wie mich die Beschleunigung in den Sitz drückt.*»

Du: «*Ich liebe meinen knallroten A6.*»

Tagesbewusstsein: «*Dieser Sound bei offenem Fenster, die Sonne im Gesicht und der Wind in meinem Haar.*»

Du: «*Ich liebe meinen knallroten A6.*»

Tagesbewusstsein: «*Natürlich kann ich es schaffen, anderen gelingt es doch auch!*»

Du: «*Ich liebe meinen knallroten A6.*»

Tagesbewusstsein: «*Allein die Vorstellung ist schon fantastisch, wie wird es erst sein, wenn er mir gehört!*»

Du: «*Ich liebe meinen knallroten A6.*»

Tagesbewusstsein: «*Ich schaffe es. Ich kann es spüren. Ich bin so dankbar dafür!*»

Wenn du mit diesem Spiel beginnst, sagt dir die Vernunft zu Beginn immer wieder das Gegenteil und es fühlt sich komisch an. Denk bitte an meinen Rat („die Symbolik"). Setze diesen Prozess unbeirrt fort. Die vernunftmäßigen Einwände werden abnehmen und du kannst dich mehr und mehr auf dein Ziel konzentrieren und versuchen, es dir im Geiste vorzustellen. Sobald du das geschafft hast, beginnst du auf dein Unterbewusstsein einzuwirken. Vielleicht willst du diese Barriere schnell überwinden oder mit aller Macht und Druck deinem Tagesbewusstsein diese neue Wahrheit aufzwingen? Dann frag dich bitte, WEN du gerade unter Druck zu setzen versuchst (nämlich dich selbst). Du kannst mir glauben, das klappt nicht! Denn Freude kannst du nicht durch Druck erzeugen und Liebe nicht mit Macht erzwingen. Beharrlichkeit ist der Schlüssel.

Lass mich dir mit einer Geschichte helfen und Mut machen. Mein Mentor half mir damals auf den Weg. Wie schon beschrieben, konnte ich meinen Zielen keine Emotionen zuordnen. Daher gab mir mein Mentor einen ganz besonderen Leitsatz mit: *«Ich bin glücklich, ich bin reich, ich hab gute Ideen.»*

Diesen Leitsatz sollte ich, immer wenn ich an ihn dachte, in einem melodischen Singsang aufsagen. Dieser Dreiklang hörte sich am Anfang so ungewohnt an, dass ich mich dabei sogar körperlich unbehaglich fühlte. Daher sagte ich ihn nur im Auto auf und zwar NUR, wenn ich absolut alleine unterwegs war. Meine ersten Versuche liefen immer auf das gleiche hinaus. Ich sagte meinen Satz und sofort schaute ich im Rückspiegel nach, ob ich auch wirklich alleine im Auto war (scheinbar fuhren meine Dämonen sogar im Auto mit). Ich habe mit diesem Dreiklang (so bezeichne ich ihn noch immer) alles durch. Vom leisen, zögerlichen Flüstern, bis hin zum Schreien. Und zwar so laut ich nur konnte, sodass ich am nächsten Tag vor Heiserkeit keinen Ton mehr heraus brachte. In mir entstand ein unbändiger Wille. Ich wollte glücklich sein. Ich wollte reich sein. Und mein Ideenreichtum hat mich bis zum heutigen Tag nie im Stich gelassen. Als ich damit anfing diesen Satz aufzusagen, arbeitete ich halbtags als Software-Entwickler und verdiente ca. 400 € netto im Monat. Vier Monate später kündigte ich und arbeitete als EDV-Trainer. Als EDV-Trainer verdiente ich ca. 1.200 € in der Woche.

Meine erste Frau trennte sich von mir und ich lernte meine zweite Partnerin kennen. Wir leben nunmehr seit über 12 Jahren glücklich zusammen.

Dieser Prozess ist, du wirst mir zustimmen, im Grunde sehr einfach. Genau das ist der Grund, warum Werbung überhaupt funktioniert und warum so viele Menschen **scheitern**. Du hast richtig gelesen, ich meine wirklich scheitern. In der Werbung wird ein Produkt so lange mit dem gleichen Satz beworben, bis wir es glauben. Das weißt du und das weiß ich. Diese Wiederholungen sind im Grunde sehr eintönig und werden nur durch oftmals lustige Werbespots aufgebessert, um schneller in unserem Langzeitgedächtnis zu landen. Und genau diese Einfachheit macht uns zu schaffen. Wenn es kompliziert wäre, dazu vielleicht ein spezieller Intellekt notwendig wäre oder eine ganz bestimmte Art von Talent, könnten wir ja verstehen, warum wir es nicht schaffen. Aber so sind wir einfach nur irritiert und behaupten steif und fest, dass es so einfach auf keinen Fall sein kann und lesen Buch um Buch und verstehen dabei EINS wirklich nicht. Es ist absolut nicht schwierig, WIR SIND einfach nur UNDISZIPLINIERT.

Ohne meinen Mentor hätte ich es vermutlich nicht geschafft. Er hat mich fast täglich erinnert und mir Geschichten zum Nachdenken gegeben. Solltest du in deinem Umfeld jemandem vertrauen und dieser jemand ist auch noch um ein Vielfaches erfolgreicher als du, dann solltest du ihn fragen, ob er dich coachen kann. Oftmals haben diese Personen aber von Hause aus einen vollen Terminkalender, um ihre eigenen Ziele im Auge zu behalten. Wer könnte es ihnen verübeln? Du musst trotzdem nicht auf ein professionelles Coaching verzichten. Neben dem kostenlosen Newsletter bei

www.Die-Macht-Deiner-Wahrheit.de

gibt es noch einen speziellen Newsletter, den ich eigens für diejenigen entwickelt habe, die jetzt so richtig in Aufbruchsstimmung gekommen sind. Schau dir bei Gelegenheit die Seite

www.Die-Macht-Deiner-Wahrheit.de/ProfiNewsletter

an. Hier findest du weitere Informationen.

Vielen Dank

An diesem Buch, sowie an den Newslettern sind unzählige Menschen beteiligt gewesen und damit meine ich nicht nur die offensichtlich Beteiligten. All die Erfahrungen, die wir im Leben machen, sind für sich genommen oftmals nur ein Fingerschnippen. Doch als ich anfing zu recherchieren und Kapitel um Kapitel zusammen zu tragen, fand ich heraus, dass die ganz kleinen Geschichten, die man gerne übersieht, einen viel größeren Ausschlag auf der Erfahrungsskala erzeugen, als wir zunächst annehmen. Nur eben zeitversetzt. Ich möchte daher jedem, der einen großen oder auch nur ganz kleinen Anteil an den Erfahrungen, die ich machen durfte, hatte, auf diesem Wege von Herzen ein aufrichtiges

DANKE

sagen. Ohne eure Anregungen, eure Kritik und Unterstützung, welcher Art auch immer, wäre dieses Buch nicht entstanden.

Ich würde mich sehr freuen, von deinen Erfahrungen und Erlebnissen zu hören. Hierfür ist eine eigene Emailadresse eingerichtet. Was hat sich für dich alles verändert? Schick deine Story an

myStory@Die-Macht-Deiner-Wahrheit.de.

Herzlichst
Marc

Und nun ?

Als ich das Buch geschrieben hatte, gab ich es vielen Menschen zum Probe lesen. Mein Hintergedanke dabei war, auf Grammatik Fehler hingewiesen zu werden. Stattdessen berichteten Sie mir von Ihren Träumen, Wünschen, Plänen, Hoffungen und ersten Erfolgen. Natürlich kamen nach dem Lesen auch viele Fragen und meine Hauptaufgabe bestand nun im wesentlichen daraus Denkanstöße und Motivation zu geben. Denn wir wissen es alle, ein Buch zu lesen ist schnell umgesetzt. Du bist begeistert, doch wie lange hält diese Begeisterung dann letztendlich an?

Die Menschen, mit denen ich über einen längeren Zeitpunkt in Kontakt stand, so stellte ich fest, kamen schlussendlich schneller und weiter auf Ihrem Weg voran. Wenn es mir also gelingt dich, wie ein Coach, immer wieder an deine Ziele zu errinnern, dir Denkanstöße zu geben und dich an deine Basisaufgaben zu errinnern, wird das in letzter Konsequenz auf das Gleiche hinauslaufen.

Aus diesem Grund habe ich noch einmal über 4 Monate an diesem Newsletter System gearbeitet. Entscheidend und ausschlaggebend dafür, dass du deine Ziele auch wirklich erreichst, ist die Intensität. Wenn du alle zwei Woche mal kurz über deine Ziele nachdenkst, werden deine Ziele auch nur mal kurz alle zwei Wochen zu dir hinsehen ;). Der ProfiNewsletter nimmt dich von Anfang an an die Hand und reißt dich mit. Du erhälst in einem Zyklus von ca. 2 bis 4 Tagen ständig deinen Newsletter mit wichtigen Informationen die dir helfen dein Denken in die Richtung deiner Ziele zu lenken. Somit kannst du wieder lernen auf EINFACHE und NATÜRLICHE Weise deine Ziele zu erreichen. Ich gebe dir in einem Zeitraum von mindestens 4 Monaten kompremiert all mein Wissen preis. Du bekommst Methoden an die Hand, die ich selbst in der Praxis einsetze und von denen ich überzeugt bin. Ich weis das diese Methoden absolut funktionieren.

Informationen zum ProfiNewsletter bekommst du auf der Seite

www.Die-Macht-Deiner-Wahrheit.de/ProfiNewsletter

Ich habe in diesen Newsletter sehr viel Wissen, Liebe und Leidenschaft gesteckt. Trotzdem oder gerade deshalb, weil ich erreichen will das so viele Menschen wie möglich es wieder schaffen sollen Ihre Ziele zu erlangen, werde ich dafür sorgen das wirklich JEDER sich diesen Newsletter leisten kann. Der Preis wird maximal 0,50 € bis 0,90 € pro Tag betragen. Das ist mein Versprechen und eine Motivation für dich.